採餌された動物の食事の風味のクックブック

シンプルでおいしいジピエ肉レシピ100選

エラ・フィッシャー

全著作権所有。

免責事項

この電子ブックに含まれる情報は、この電子ブックの著者が調査した戦略の包括的なコレクションとして機能することを目的としています。要約、戦略、ヒント、コツは著者による推奨事項にすぎず、この eBook を読んでも、結果が著者の結果を正確に反映しているとは限りません。電子ブックの作成者は、電子ブックの読者に最新かつ正確な情報を提供するためにあらゆる合理的な努力を払っています。著者およびその関係者は、発見される可能性のある意図的でないエラーまたは省略について責任を負いません。電子書籍の資料には、第三者による情報が含まれる場合があります。第三者の資料は、その所有者によって表明された意見で構成されています。そのため、eBook の作成者は、第三者の資料や意見に対して責任を負わないものとします。

目次

前書き

食べるゲーム

野生動物のジビエ肉は美味しく、低脂肪でサスティナブルです。動物が採餌した食事の自然な風味によって強化されたジビエ肉は、一般的に養殖肉よりも風味が強い. 料理ゲームは、自分で狩りをしたか、優れた肉屋やワイルド ミート カンパニーのようなゲーム ディーラーから入手したかに関係なく、シンプルでおいしいものです。

多くの人は、過度にうるさいゲームフードを先延ばしにしていますが、そうである必要はありません! カレーにチキンの代わりにキジを使用するか、ヤマウズラの胸肉をフライパンで炒めて、平日の簡単な夕食にします。いつもの牛肉の代わりにおいしいウサギのラグーを作ったり、週末に牛肉ではなく鹿肉のステーキを食べたりしてください。

この本は、より頻繁にジビエを調理するように促し、ジビエがいかにシンプルで美味しいかを示すことを目的としています.

人気ジビエ肉

A. **キジ**: おそらく最も人気があり、広く普及している狩猟鳥はキジです。若い鳥はローストすると美味しく、年配の鳥はキャセロール、煮込み、鍋で焼くことができます. 料理ゲームの初心者の場合は、圧倒されない甘くて素朴な風味があるキジから始めてください。

B. **ライチョウ**:現存する最高の猟鳥であると多くの人に考えられています。濃くコクのある赤身肉で、しっかりとした味わいによく合う濃厚な味わいです。シンプルに、たっぷりのバターで高温でローストできます。

C. **アヒル**:秋と冬にはマガモ、ハト、コガモなどの鴨がいますが、最も遭遇する可能性が高いのはマガモです。野鴨は、養殖鴨よりも脂が少なく、風味が強く、さまざまな料理に合うコクがあります。

D. **ガチョウ**:雁は肉質が濃く、調理中に強い香りを放ちます。肉屋やゲーム ディーラーは野生のガチョウを販売することを許可されていないため、試してみたい場合は、自分で撃つか、持っている人から譲ってもらう必要があります。

E. **鹿肉**:赤身の低脂肪肉を使用する鹿肉は、他の赤身肉の代替品としてますます人気が高まっています。野生の鹿肉は、その多様で自然な食事から生じる豊かな風味

を持つ、養殖された濃い赤身の肉より優れています。シカの種類によって風味と食感が異なります。ダマジカはマイティレッドよりもきめが細かく、小さなキョンは最もマイルドな風味です。

F. うさぎ： 野生のウサギは、最も美味しく豊富なジビエ肉の 1 つであり、もっと食べるべきです。とても低脂肪です。人々はそれを鶏肉に例えますが、実際には野生のウサギはより濃い肉でより強い風味を持っています. 若いウサギは丸ごとローストして肉を引きちぎることができますが、古いもの（最良の指標はサイズです）はより丈夫で、煮込んだり、シチューやカレーでゆっくりと調理したりできます。

鹿肉

1. 鹿肉のステーキ

材料：

- 3 T.小麦粉
- 1½ トン。塩
- ¼ トン。マジョラムの葉
- 鹿肉ステーキ 6 枚、丸ごとカット
- 揚げ油
- 皮をむいた小玉ねぎ 1個
- にんじん（中）4本（皮をむく）
- ½c。さいの目に切ったセロリとトッピング
  1½ c. ビーフブロス

方向：

a) 小麦粉、塩、マジョラムを混ぜます。肉を
　 こする。圧力鍋の熱い脂肪の茶色のステー
　 キ. 野菜とスープを加えます。カバーし、
　 10 ポンドで調理します。圧力 20 〜 30
　 分、またはメーカーの指示に従います。通
　 常は 5 分間冷やしてから、鍋を冷水に浸
　 して圧力をすばやく下げます。

b) ふるい、フードミル、またはブレンダーで
　 野菜をこすり、肉汁用の液体を濃くします。
　 6 人前。

2.　エルクジャーキー

材料:

- 痩せたヘラジカ 2 ポンド
- ウスターソース $\frac{1}{2}$ カップ
- ブラックストラップ糖蜜 $\frac{1}{4}$ カップ
- $\frac{1}{4}$ カップの濃い醤油
- 細かくすりおろしたレモンの皮 小さじ1
- キャラウェイシード 小さじ1
- ひびの入ったカルダモンのさや 8個
- 細かく刻んだにんにく 3片
- 中性食用油

方向:

a) 肉からできるだけ脂肪を取り除き、スライスしやすくするために肉を 20〜30 分間冷凍します. 非常に鋭いナイフを使用して、肉をできるだけ薄くスライスします。$\frac{1}{8}$厚さインチ。

b) 大きなボウルに、ウスターソース、糖蜜、醤油、レモンの皮、キャラウェイ シード、カルダモン、にんにくを入れて泡だて器で混ぜます。

c) スライスした肉を一度に 1 つずつボウルに落とし、各部分が塩水で完全にコーティングされていることを確認します。肉をマ

リネに **90** 分間浸します。肉を取り除き、マリネを捨てます。今度は、オーブンまたは食品乾燥機で肉を乾かします。

3.　　鹿肉とほうれん草のサラダ

2人前

材料:
ヴィネグレット:

● いちごのみじん切り **1** カップ

● エクストラバージン オリーブ オイル **2/3**
  カップ

● **1/2** カップの蒸留白酢

● みじん切りにしたにんにく **2** かけ

● ケシの実 小さじ **1 1/2**

● 塩 小さじ **1**

● 挽きたての黒胡椒

鹿肉

● 鹿肉ステーキ **1** 枚

● 塩とコショウの味

● ほうれん草の葉 **3~4** カップ

● スライスしたいちご **1** カップ

● スライスアーモンド **1/4** カップ

方向:

a) 中高でグリルを準備します。

b) 鹿肉に塩こしょうで味を調え、片面約**5**分、またはお好みの焼き加減になるまでグリルします。鹿肉を**10**分間放置してから、スライスします。

c) ほうれん草をいちごと和え、お皿に盛り付ける。アーモンドを散らし、スライスした鹿肉をのせます。

d) サラダにビネグレットソースをかけ、すぐにお召し上がりください。

e) **ビネグレットの場合:**すべての材料をフードプロセッサーまたはブレンダーに入れ、滑らかになるまでピューレ状にします。

4.　　かぼちゃとビアソーセージのグリル

収量: 1食分

材料:

- エールビール 1本
- 4オンスのパンプキン; 生または缶詰
- 1オンスのニンニク; さいの目に切った
- 1オンスのピュアメープルシロップ
- 各アヒルを 2リンクします。フォークで刺した
- 2リンクの鹿肉。フォークで刺した
- 2リンクチキンソーセージ; フォークで刺した
- 1つの小さな赤玉ねぎ; セグメント化された薄い
- バター 大さじ 1
- 塩
- コショウ
- 球根フェンネル 1個。剃った
- 1オンス 各サガブルーチーズ
- 1オンスのイングリッシュ・スティルトン

- 1 オンスのゴルゴンゾーラ

方向:

a) ポーター、カボチャ、ガーリック、メープル　シロップを混ぜて、ソーセージにかけます。

b) 塩水からソーセージを取り出し、**500**度のグリルで **10** 分間ローストします。切り分けてグリルで焼き上げます。

c) 玉ねぎをバターで弱火で柔らかく半透明になるまで炒める。塩こしょうで味を調える

5.　　クーズーのフィレ肉のロースト、ボア
　　　ワースの詰め物

収量: 1人前

成分

- クーズーフィレ

- 鹿肉 500g

- 豚肉 200グラム

- 子羊の腎臓脂肪 125グラム

- 塩 小さじ1

- 砕いたローストコリアンダーシード 大さ
  じ1

- 赤ワイン 50ml

- モルトビネガー 50ミリリットル

- ひとつまみ すりつぶしたクローブ

- タイム ひとつまみ

- オレガノ ひとつまみ

- 2 バナナ エシャロット; 細かく刻んだ

- ピノタージュ 200ミリリットル

- デミグラス 200ミリリットル

方向:

a) 鹿肉、豚肉、脂身は細かくなりすぎないように、一緒にミンチにする。

b) すべての材料を混ぜ合わせ、よく混ぜて、脇に置きます。

c) クーズーの切り身はよく洗い、真ん中を裂く。折りたたんでボレワースと一緒に詰め、肉を折り返してひもで結びます。オリーブオイル少々で外側に塩コショウをする。

d) 熱したフライパンまたは炭火焼きグリルの上に置き、頻繁にひっくり返し、ボレワーが固まるまで調理します。厚めにスライスしてお召し上がりください。

e) ピノタージュソースは、細かく刻んだエシャロットを水気を切り、赤ワイン（ピノタージュ）を少しずつ加えて、少なくとも3分の2まで減らす。濃厚で濃いコンシステンシーが得られるまで、デミをワインにゆっくりと加えます。味を確認してお召し上がりください。

6. インジェラキャセロール

サーブ: 2

材料

- 2 ポンドの鹿肉、一口大に切る
- バラバラに引き裂かれた 1 インジェラ
- ¾ 小さじ塩
- さいの目に切った紫玉ねぎ 40 グラム（1/3 カップ）
- オリーブオイル 大さじ 2
- にんにくのみじん切り 大さじ 1
- 水 ⅓ カップ
- インゲン豆 1 カップ
- 辛口白ワイン 大さじ 2
- ベルベルペースト 大さじ 1＋小さじ 1
- トマトペースト 大さじ 1
- 非常に軟らかいナツメヤシ 10 〜 15 個、種を取り、半分に切るかカットする

方向

a) 大きなフライパンにオリーブオイルを加え、肉がピンク色でなくなるまで鹿肉と玉ねぎを炒めます。ドレイン。豆と塩を加える。

b) グリースを塗った 13x9 インチに移します。オーブン皿。その上にインジェラを並べます。

c) にんにく、水、白ワイン、ベルベレペースト、トマトペーストをボウルに入れます。

トルティーヤにかける。チーズをふりかけ
ます。

d) **350°** で **25 〜 30** 分間、または完全に加
熱されるまで、蓋をせずに焼きます。

e) 日付を追加し、さらに **1** 分間調理します。

5. 鹿肉のカレーナゲット

材料

- 1 ポンドの鹿肉、一口大に切る
- タイレッドカレーペースト 大さじ 4
- 1 つの大きい卵
- 揚げ油
- パン粉
- すりおろしたパルメザンチーズ 1/2 カップ
- 1/2 カップの豚肉パン粉
- 自家製調味塩 小さじ 1/2

チポトレ ランチ ディップ

- マヨネーズ 1/4 カップ
- サワークリーム 1/4 カップ
- チポトレペースト 小さじ 1 杯
- 小さじ 1/2 の自家製ランチドレッシングとディップミックス
- 1/4 中程度のライム、ジュース

方向

a) チポトレ ランチ ディップの場合: すべての材料を混ぜ合わせ、よく混ぜます。
b) ポークパン粉、パルメザンチーズ、味付け塩を混ぜます。

c) 1つのボウルに卵1個とカレーペーストを入れ、別のボウルにパン粉を混ぜます。

d) ステーキの塊を卵に浸し、パン粉をまぶします。ワックスペーパーで裏打ちされたシートパンまたはプレートに置きます。

e) 揚げる前に、パン粉をまぶした生ステーキを 30 分間冷凍します。

f) 油を華氏約 325 度に熱し、ステーキ ナゲットを焼き色がつくまで約 2 〜 3 分炒めます。

g) ペーパー タオルを敷いた皿に移し、塩をふりかけ、チポトレ ランチを添えます。

6. 鹿肉のミートボールスープ

材料:

- 赤身の鹿肉またはラム肉 1/2 ポンド

- 2 回接地

- ½ カップ 炊いたご飯、挽いた小麦

- ¼ カップ 細かく刻んだタマネギ

- ¼ カップ 細かく刻んだパセリ

- 2 缶 鶏がらスープ

- 2 缶 水

- ⅓ レモン汁 カップ

- 卵 2 個

- 塩コショウ

方向:

a) 最初の 4 つの材料を混ぜます。3/4 インチのボールに成形します。だし汁と水を沸騰直前まで温める。ミートボールを追加します。15〜20 分煮ます。スープターリーンで、レモン汁と卵を滑らかになるまで叩きます。

b) 温かいスープで徐々に叩きます。ミートボールは最後に入れる。塩、こしょうで味を調える。

7. 鹿肉のシチュー

材料:

- 2 ポンド。鹿肉のシチュー肉、1.5 インチの立方体にカット
- 3 T 脂肪
- 4c。沸騰したお湯
- 1 T. レモン汁
- 1 トン。ウスターソース
- にんにく 1 かけ
- スライスした大玉ねぎ 1 個
- 月桂樹の葉 2 枚
- (オプション: 2 t. 塩または好みに応じて)
- 1 トン。シュガー
- ½ トン。コショウ
- ½ トン。パプリカ
- 挽いたオールスパイスのダッシュ
- スライスしたにんじん 6 本
- 皮をむいた白タマネギ 12 個
- じゃがいも 3 個、皮をむき、大きな立方体に切る

方向:

a) 熱した脂肪で肉のすべての面を焼き色がつくまで焼きます。水と 3 つの野菜以外のすべての材料を加えます。ふたをして、

時々かき混ぜながら2時間煮込みます（または遅いオーブンで焼く - 300-325 / F）.

b) 月桂樹の葉とにんにくを取り除きます。にんじん、玉ねぎ、じゃがいもを加える。カバー。さらに30分、または野菜が完成するまで調理を続けます。肉汁用の液体を濃くします。6〜8人分。

8. 鹿肉ジャーキー

材料：

● 脂肪を取り除いた赤身の鹿肉 2 ポンド

● $\frac{1}{2}$c。ピクルス塩 $\frac{1}{4}$ c. 黒砂糖

● $\frac{1}{2}$t。黒コショウ

● $\frac{1}{2}$t。ガーリックパウダー

方向：

a) 肉片をできるだけ薄く切ります。インチ以下で長さ 4 〜 6 インチ。残りの材料を合わせて乾燥塩水を作ります。ピースを乾燥ブライン溶液で素早く丸め、燻製器のラックに置きます。スモーカー内の温度は、10 〜 12 時間、または曲がったときにぎくしゃくしたストリップがパチンと鳴るまで、75 から 95 の間で維持する必要があります。

b) ジャーキーは、塩や塩水をまったく混ぜなくても治すことができます。普通に乾かすことができますが、十分に乾くまでに時間がかかります。塩水は、ジャーキーをより長く保つことができます.

9. 鹿肉のバーベキュー

材料:

- 1〜28 オンス。瓶詰めバーベキューソース
- ケチャップ 1 カップ
- 2 T. ピクルスレリッシュ
- ビーフブロスまたはパンジュース 1 カップ
  鹿肉のロースト
- 玉ねぎのみじん切り 1 個
- セロリ 2 枝、みじん切り
- 2 ポンド。鹿肉のランプロースト

方向:

a) 大きな鍋に鹿肉以外のすべての材料を混ぜ
   ます。弱火で約 30 分、またはソースにと
   ろみがつくまで煮る。

b) ランプローストを泡立つソースにスライス
   し、肉がちょうど熱くなるまで煮る.

c) お一人様 5 人前のボリュームのあるサン
   ドイッチ 2 個分です。

10. 窒息した鹿肉のキューブ

材料:

- 鹿肉の煮込み肉 2 ポンド 浚渫用の小麦粉
- 太い
- 玉ねぎ 2 個（みじん切り）
- にんにく 2 片（細かく切る）
- 2 トン。すりおろしたチェダーチーズ
- 2 トン。塩
- $\frac{1}{2}$t。コショウ
- 2c。水
- 5 トン。バーベキューソース
- マッシュルームの缶詰 1 個またはスライスしたマッシュルーム 1/4 ポンド (オプション)

方向:

a) 肉から目に見える脂肪を取り除きます。肉を 1 インチの立方体に切ります。小麦粉をまぶし、熱い脂肪で茶色にします。

b) 玉ねぎとにんにくを加える。軽く褐色にする。チーズソルト、コショウ、水、バーベキューソースを加えます。

c) ふたをして約 1 時間 30 分煮ます。くっつかないように時々かき混ぜてください。肉汁が濃くなる前にマッシュルームを加えます。

11. 鹿肉のチリ

材料:

- ピント豆または小豆 1/2 ポンド

- 4 ポンド。鹿肉の粗みじん切り（首、脇腹、皿、ブリスケット、丸身、後身、すね）1.5 t. クミンシード

- $\frac{1}{2}$c。スエットのみじん切りまたは千切りにしたソウベリー

- みじん切りの適当な大きさの玉ねぎ 6 個

- みじん切りにしたにんにく 2〜4 片

- 1 トン。オレガノ

- 3 T.フレッシュチリパウダー

- 皮をむいたイタリア産トマト缶 大1缶

- 青唐辛子 小缶1本

- 塩とコショウ

- タバスコソース少々（お好みで）

- インスタント マサ ハリナまたはコーンミール 2 T.

方向:

a) 豆を洗い、新鮮な冷水で覆い、沸騰させ、2 分間煮ます。しっかりと覆い、1 時間放置します。1 インチの立方体にカットして、肉を準備します（無脂肪の場合はシチューカットが最適です）。

b) クミンシードを中火のフライパンに入れ、煙が出てトースト色になるまで動かし続け

ます。次にそれらを平らな面に広げ、めん棒で押しつぶします。大きなフライパンでスエットまたはソウベリーを溶かします。鍋の底を覆うのに十分な量の植物油または他のショートニングを代用できますが、肉の風味が失われます.

c) 脂肪が溶けるか焼けるようになったらすぐに、肉片を少しずつ加えて焼き、立方体を回してすべての面を密封します。

d) 火を弱め、玉ねぎとにんにくを加え、玉ねぎが半透明になるまで時々かき混ぜます。焦がしたクミンシード、オレガノ、そして入手できる最も新鮮なチリパウダーを加えます。肉に調味料をまぶし、トマト、青唐辛子を加えて沸騰させ、火を弱めて煮る。

e) 浸した豆を再び沸騰させ、豆が柔らかくなるまでほとんど気付かないほど泡立つようにします - 豆によって **30**分から **1**時間.

f) その間、肉の混合物が乾燥しすぎていないことを確認し、必要に応じて水またはストックを追加して、かなり流動的な一貫性を維持します. 調味料を味見し、必要に応じて塩とコショウを加え、味蕾の命令に従ってタバスコを少し加えます。

g) 約 **1.5**時間後（時間は鹿肉の切り身の品質と硬さによって異なります）、肉を試食します。柔らかい場合は、余分なグリースをすくい取るか、一晩冷蔵して脂肪を凝固させて簡単に除去します. とろみをつけるためにマサハリナを追加します。

h) 次に、チリを調理済みの豆と合わせ、煮る
   まで戻し、さらに 30 分間味をなじませま
   す。

12. テキサスチリ

材料：

- 2 ポンド。鹿肉の煮込み
- 1 lb. 赤身の豚肉またはジャベリナ、さいの目に切るかすりつぶす
- 1/2c。クッキングオイル
- みじん切りの玉ねぎ 2 個
- みじん切りにしたにんにく 3 片
- 6c。ビーフストック
- 6 T. チリパウダー 1 t. 砕いたクミンシード
- 塩とコショウ

方向：

a) ダッチオーブンで油を熱し、玉ねぎとにんにくを 5 分間炒めます。それから脇に置いてください。肉を焼き、油を捨てる。

b) 玉ねぎとにんにくをオーブンに戻し、ビーフストック、チリパウダー、クミンシードを加える。かき混ぜて沸騰させます。

c) 火を弱め、蓋をして、少なくとも 1 時間煮ます。塩を少々加えて味を調えます。必要に応じてコショウを追加します。さらに数分間煮て、サーブします。

13. 鹿肉のスープ

材料：

- 2 または 3 ポンド。鹿肉の骨と肉
- 1〜16 オンス。パッケージ。冷凍野菜スープ
- 1 T. パセリ
- にんにく 1 片（みじん切り）
- 塩とコショウ
- 1〜16 オンス。トマト缶

方向：

a) 骨をダッチオーブンに入れ、かろうじて水で覆います。2 時間煮込みます。骨を取り除き、残った肉をフォークでそぎ落とす。大きなチャンクをさいの目に切る。ストックを 3 カップ取っておき、残りは捨てます。

b) 肉、冷凍野菜、パセリ、にんにく、塩、こしょうを加えます。トマトをマッシュまたはチョップし、缶からのジュースと一緒に鍋に入れます.

c) かき混ぜ、すぐに沸騰させます。火を非常に弱火に落とし、しっかりと蓋をして 1 時間煮ます。必要に応じて少量の水を加えてください。

d) 次に、もう少しコショウを加えてサーブします。

14. バックとバーボン

材料:

- 2〜2.5 ポンド。鹿肉、1.5 インチの立方体にカット
- 5 T.小麦粉
- 1 トン。塩
- $\frac{1}{4}$ トン。コショウ
- 油またはラード 1$\frac{1}{2}$ T.
- 中玉ねぎ 2 個、さいの目に切った
- $\frac{1}{2}$c。ピーマンのみじん切り
- にんにく 2 かけ
- 缶詰または自家製のトマトソース 1 カップ
- $\frac{1}{2}$t。タイムまたは砕いたローズマリー（または両方）
- 3 オンス バーボン
- $\frac{1}{2}$c。ブイヨンキューブ入りの水

方向:

a) フライパン（後で使用するためのふた付き）で、小麦粉、塩、コショウで振るか転がした肉の立方体を弱火から中火で茶色にします。肉片を密集させないでください。ただし、油またはラードで焼き色を付け、準備ができたら取り出してから取っておきます。

b) 玉ねぎ、ピーマン、にんにくを同じフライパンでしんなりするまで炒める。

c) 焦げ目がついた肉の角切りと残りの材料を
加え、蓋をして約1時間半ゆっくりと煮る.

15. 鹿肉またはムースステーキ

材料:

- 玉ねぎ 4〜5個
- ピーマン 3個
- きのこ 18〜20個
- $\frac{1}{4}$ ポンド。バター
- 月桂樹の葉 2枚
- 鹿肉またはヘラジカのステーキ 3 〜 4 ポンド、厚さ 1.5 〜 2 インチ 塩コショウ
- 潰したにんにく 4片

方向:

a) 玉ねぎ、ピーマン、きのこはみじん切りにする。鋳鉄製のフライパンを用意し、これらを月桂樹の葉と一緒にバターで揚げます. 次に、ステーキを取り、塩、コショウ、砕いたニンニクのクローブをこすります

b) 両面の肉に。玉ねぎとピーマンで炒めます。焼き過ぎると固くなるので、煮込み過ぎないように。

16. ゲームソーセージ

材料:

- 玉ねぎのみじん切り 1個
- にんにく 2片（みじん切り）
- 6オンス。豚の背脂、一口大に切る
- ドライシェリー 1カップ
- $\frac{1}{2}$ポンド。レッドゲームフランク
- $\frac{1}{2}$ポンド。鹿肉のシチュー $\frac{1}{4}$ c. みじん切りパセリ 1†。タイム
- 1 T.コーシャーソルト
- $\frac{1}{2}$†。粗挽き黒胡椒
- 1 T.ウスターソース
- 2トン。フェンネルシード
- 2トン。キャラウェイ
- ひとつまみの硝石
- ソーセージケーシング、30分間温かいものに浸す
- 水

方向:

a) タマネギとニンニクをファットバックでゆっくりと黄金色になるまで炒めます。シェリー酒を加えて、さらに 4 〜 5 分手早く調理します。

b) 2 枚の肉を粗い塊に切り、タマネギとニンニクの混合物と残りの材料と一緒に、フー

ド プロセッサまたはグラインダーの中刃
にかけます。

c) この混合物を少し炒めて、十分に味付けさ
れているかどうかを確認します。そうでな
い場合は、正しい。ソーセージの詰め物が
ない場合は、ビニール袋を使用してくださ
い。

d) じょうごの上に浸したケーシングの長さを
スライドさせます。遠端で結び目を作りま
す。じょうごを通して詰め物を強制します。
ケーシングが約 2.5 インチいっぱいになっ
たら、ひねって結び、ソーセージの肉がな
くなるまで続けます. ケーシングの端に結
び目を作ります。

e) 調理方法: ソーセージを水でかぶるまで煮
込み、軽く塩こしょうします。15 分以内
に調理する必要があります。

17. 鹿肉ソーセージ

材料:

- 鹿肉 10 ポンド
- 10 ポンドの豚肉
- $\frac{1}{4}$ ポンドの塩
- 潰したにんにく 4〜5 片
- 砕いた赤ピーマン 3 個
- 8 T. こすりセージ
- 4 ポンドのソーセージケーシング

方向:

a) 鹿肉と豚肉を一度すり合わせ、調味料を加えて混ぜ合わせ、さらに 2 度すりつぶす。よく洗ったケーシングに肉を詰めるか、パテにします。

b) サービングするときは、1 人あたり約 $\frac{1}{2}$ ポンドを見込んでください。厚手のフライパンに、鍋底が隠れるくらいの水を入れます。ふたをして中弱火で 30〜45 分煮る。カバーを外して焼き色をつける。約 40 人前になります。冷凍庫に保管してください。

18. ピリッとした鹿肉のケバブ

材料:

- 鹿肉 1.5〜2 ポンド、1 インチの立方体に カット
- 3/4c。ボトル入りイタリアンサラダドレッ シング
- $\frac{1}{4}$c。レモン汁
- 1 T.ウスターソース
- $\frac{1}{4}$c。ねぎのみじん切り
- ピーマン 2 個（半分と 4 分の 1）
- 中玉ねぎ 1 個、くし形に切る
- きのこ 8個
- プチトマト 8個

方向:

a) ドレッシング、レモン汁、ウスターソース、 タマネギをガラスのキャセロール皿に入れ ます。肉を加え、蓋をして冷蔵庫でマリネ し、ときどきひっくり返して 4 時間または 一晩置く。

b) ケバブの串に、糸ピーマン、鹿肉、玉ねぎ、 きのこ、ピーマンから繰り返します。

c) 残りのマリネで磨きます。ケバブを調理用 グリルまたは炭 (1 層) に置き、時々返し ながら約 10 分間調理します。

d) チェリートマトをトッピングし、ケバブを ひっくり返し、マリネを刷毛で塗って、さ

らに 5 分間、またはお好みの焼き加減にな
るまで調理します。

e) 4 人前 (各 2 ケバブ) になります。

19. 会社 鹿肉のシチュー

材料:

- 6 オンス。赤身のベーコン
- 3/4c。小麦粉 $\frac{1}{2}$ トン。小麦粉 † 。コショウ
- 3 ポンド 4 オンス 鹿肉、角切り
- 玉ねぎ 1 ポンド（みじん切り）
- ニンジン 1 lb. 厚切り
- 1 大缶の完熟オリーブ、種抜き
- $3\frac{1}{2}$c。ビーフブロス
- 赤ワイン
- 酢 1T
- 3 オンス トマトペースト
- にんにく 1 片（みじん切り）
- $\frac{3}{4}$† 。タイム、粉砕
- 月桂樹の葉 1枚
- c. パセリ、みじん切り

方向:

a) 小麦粉、塩、こしょうを混ぜ合わせ、鹿肉の角切りをドレッジします。大きな調理鍋にベーコン、鹿肉の角切り、野菜を重ねます。

b) ビーフブロスと残りの材料を混ぜ合わせます。全体に注ぎ、8〜12 時間、またはフォークが柔らかくなるまで煮込みます。

20. 鹿肉のサラミ

材料：

- 鹿肉のすり身 **2** ポンド
- **1** カップの水
- **2** T.養生塩
- **1** T.リキッドスモーク
- ガーリックパウダー **1T**
- タマネギパウダー **1個**
- **1** トン。新鮮なひびの入ったコショウ
- **1** T.フレッシュペッパーコーン
- **1** トン。クミン
- マスタードシード **1個**
- $\frac{1}{4}$ トン。カイエンペッパー

方向：

a) すべての材料を混ぜ合わせ、直径 **1.5** インチほどの小さなロール状に丸めます。

b) **24** 時間冷蔵庫で冷やして味をなじませます。天板に並べ、**300** 度のオーブンで **30**〜**45** 分焼く。

21. ぬいぐるみのハート

材料：

- サイズに応じて鹿の心臓 2 〜 3 個、また
  はヘラジカの心臓 1 個
- 焼きたてのパン粉 1 カップ
- ミンチハム 1 カップ
- 細かく刻んだスエット 1 カップ
- 卵1個、軽く溶きます
- ¼c。パセリのみじん切り
- 1 小枝マジョラム、みじん切り、または ¼
  t。乾燥した
- ローズマリー 1 小枝、みじん切り、または
  1/4 トン。乾燥した
- 1 トン。すりおろしたレモンの皮
- 塩と挽きたてのコショウ
- ベーコン 3枚
- 小麦粉 2T
- 2c。沸騰したお湯
- 2 トン。トマトペースト

方向：

a) 心臓を冷水に 1時間浸します。鋭利なナイ
   フで静脈と動脈を取り除き、心臓を洗い流
   して乾かします。

b) パン粉、ハム、スエット、卵、ハーブ、レモンの皮を混ぜ合わせて詰め物を準備します。味見をして、お好みで塩こしょうをする。各ハートの片側に 2 〜 3 インチの切り込みを入れ、詰め物を詰めます。ハートの詰め物をベーコンで包み、串で固定します。

c) 陶器のキャセロールにハートを立てて置き、350℃のオーブンで肉が柔らかくなるまで 2 〜 3 時間焼きます。ハートを熱した大皿に移します。パンのドリップに小麦粉を加えてかき混ぜ、1 分ほど調理します。

d) 火を止めて、沸騰したお湯とトマトペーストを入れて火に戻し、ソースにとろみがつくまでかき混ぜます。数分間煮てから、心臓と一緒にソースボートで提供します.

イノシシ

22. イノシシカツレツ

- イノシシのカツレツ 2 ポンド
- バターミルク 1 カップ
- 1 トン。塩
- 砕いたジュニパーベリー 3 個
- ソフトバター 1 T.
- 1 T.小麦粉

方向:

a) 冷蔵庫のバターミルクにカツレツを 3 日間浸します。水気を切って乾かし、塩と砕いたジュニパーでこすります。オーブンを 350℃に予熱する。ローストパンの底を 1/4 インチの沸騰したお湯で覆い、肉をラック放牧水に置きます.1 時間ローストし、時々バターミルクで焼きます。

b) その間にバターと薄力粉を指先で混ぜ合わせる。肉が柔らかくなり、穴を開けても血が出なくなったら、バター粉をローストパンの液体にかき混ぜます。とろみがつくまでかき混ぜ、調味料を調整します。

23. イノシシのロースト

サーブ 4

材料:

- 材料は食料品リストを送信します
- 玉ねぎ 1個（粗みじん切り）
- みじん切りにしたにんにく 4片
- にんじん 2本（粗みじん切り）
- 粗みじん切りのセロリ 2本
- 球根フェンネル 1/2本、粗みじん切り
- オリーブオイル 1/2カップ
- 塩とコショウの味
- イノシシのロースト 1 1/2ポンド
- フレッシュタイム 6本
- 新鮮なローズマリー 3枝
- フレッシュオレガノ 大さじ1
- 水 1/2カップ

方向:

a) オーブンを375度に加熱します。

b) みじん切りにした野菜（玉ねぎ、にんにく 2片、にんじん、セロリ、フェンネル）を 1/4カップのオリーブオイルに入れ、塩こしょうで味を調えます。それらを小さなローストパンの底に置き、脇に置きます.

c) フライパンを強火で非常に熱くなるまで加熱します。

d) ローストを塩こしょうで味付けします。フライパンに大さじ1杯のオリーブオイルを入れ、ローストを両面焼きます。

e) 肉が焼けている間に、新鮮なハーブの約半分の量を取り、細かく刻みます. 刻んだハーブを小さなボウルに入れ、残りの刻んだニンニクとオリーブ オイルを加えます。かき混ぜて緩いペーストを形成します。

f) イノシシがたたき終わったら、ペーストで全体をこすり、ローストパンの野菜の上に置きます.

g) 残りのハーブを肉屋の麻ひもで結び、ローストパンに入れます。

h) 鍋に水を加え、鍋に蓋をして、半時間、または肉用温度計で内部温度が 155 〜 160 度に達するまでローストします。

i) ロースト野菜をスライスして提供する前に、約 5 分間休ませてください.

24. ブルーベリーのイノシシシチュー

材料：

- イノシシ 1キロ（角切り、肩または脚）
- 植物油 大さじ1 1/2
- 玉ねぎ 1個（薄切り）
- にんじん 2本
- 1オレンジ (オーガニック)
- にんにく 1かけ
- 1クローブ
- シナモンスティック 1本
- ジュニパーベリー 4個
- ナツメグ 2つまみ
- 月桂樹の葉 2枚
- コニャック 大さじ2
- 赤ワイン（1リットル）
- ビーフストック 大さじ4
- ブルーベリージャム 大さじ2
- 200グラムの新鮮なブルーベリー
- 小麦粉 大さじ2（お好みで）
- チキンスープ

方向:

a) 角切りにした肉を油でフライパンで焼き、肉を取り出して脇に置きます。

b) 同じフライパンで玉ねぎ（薄切り）を炒め、人参。

c) オレンジの皮、つぶしたにんにく、クローブ、シナモン スティック、ジュニパー ベリーを加え、塩とコショウで味付けし、ナ

ツメグをふりかけ、ブーケ　ガルニを加え
ます。
d) 肉を鍋に戻し、ブランデーを加え、必要に
応じてフランベします。

25. イノシシ ラグー

材料:

- 1 ポンドのイノシシの肩または脚を 1 ～ 2 インチに切ります
- 半分に裂いたローズマリーの小枝 1 本
- にんにく 4 片（皮をむく）
- 2 カップ キャンティまたは他の赤ワイン、または必要に応じて
- エキストラバージンオリーブオイル 大さじ 3
- 細かく刻んだ小さなニンジン 1 個
- 細かく刻んだセロリの茎 1 本
- 細かく刻んだ小玉ねぎ 1 個
- 缶詰のトマト 1 カップ
- 野菜ストックまたは水 2 カップ
- サービング用のタリアテッレまたは他のパスタ

方向:

a) ラグーを作る前夜、肉をボウルに入れ、ローズマリー、コショウの実、にんにく、十分な量のワインを入れます。カバーして一晩冷蔵します。

b) ローズマリーとにんにくを捨てる。ボウルの上にセットしたストレーナーで肉の水気を切り、ワインを取っておきます。中強火のダッチオーブンで、油がきらめくまで加熱し、にんじん、セロリ、玉ねぎを加えます。柔らかくなるまで 3〜5 分ソテーします。

c) 肉を加えてよくかき混ぜながら、肉から放出されたすべての液体が蒸発し、肉が焦げ

目がつくまで、**10〜15**分間調理します。
予約したワインを加えて、よくかき混ぜな
がら、混合物が乾くまで **10 〜 15** 分煮ま
す。

d) トマトをスプーンで潰しながら加える。**1**
カップの水を加え、熱を非常に低くし、部
分的に蓋をして、弱火で **1** 時間調理します.

e) 野菜ストックを加え、時々かき混ぜながら、
肉がバラバラになり始めるまで、**1** 時間半
から **2** 時間半煮込みます。火からおろし、
泡立て器またはスプーンを使用して、肉を
非常に細かい細切りにします。

f) 必要に応じて、タリアテッレまたは他のパ
スタに添えてください。

26. スロークッカーイノシシ

材料:

- 5～6 ポンドのイノシシ肩ロースまたは従来の豚肩ロース
- ローストをコーティングするオリーブオイル
- モントリオール ステーキ シーズニング 大さじ 2 杯以上
- 玉ねぎ 1個 皮つきのみじん切り
- ニンジン 2本 - ラフカット
- パセリ 1束 - みじん切り
- にんにく 6かけ
- さいの目に切ったトマト缶 ジュースまたはペースト
- バーボン 1/2 カップ
- ½ カップのブラウンシュガー

方向:

a) ローストを扱いやすい 2つに切る

b) ローストをオリーブオイルでこすり、たっぷりと味付けし、取っておきます

c) スロークッカー用の野菜をみじん切りにする

d) コンロの上で大きなソテーパンを熱し、パンが非常に熱くなったら、少量のオリーブオイルを加えて、ローストの両面を焼きます.

e) スロークッカーの底に切った野菜とにんにくを入れます。

f) ロースト、バーボン、ブラウン シュガー、さいの目に切ったトマトを加えます。

g) スロークッカーに蓋をして、弱火で約 1 分間調理します。7時間。

h) スロークッカーの底にあるソースを濾して小さなソースポットに入れ、中火から強火にかけて液体を半分に減らします.

i) イノシシをバラバラにして提供し、ゲストにスロークッカーからのソースまたはお気に入りのソースを浸してバラバラにするように勧めます。

27. イノシシのシトラスセージソース煮込み

材料:

- 4.4 ポンドのイノシシの鞍 (調理済み)
- 月桂樹の葉 3枚
- 小さじ1杯のオールスパイスペッパー
- ジビエストック（またはチキンブロス）$\frac{1}{2}$ カップ
- ろ過されていないリンゴジュース 2 パイント
- エシャロット 7オンス
- にんにく 2片
- 塩
- 清澄バター 大さじ2
- オレンジ2個
- グレープフルーツ 2個
- 新鮮なセージ（葉）4枚

方向:

a) イノシシ肉をすすぎ、水気を軽くたたいて乾かし、大きなフリーザーバッグ (6 リットル) に入れます。

b) ローリエ、オールスパイス、コショウ、ストック、リンゴジュースを加える。袋の口をしっかりと閉め、袋を回して肉にまぶす。冷蔵庫で8～12時間（できれば一晩）マリネします。

c) エシャロットとニンニクの皮をむきます。にんにくはみじん切り、エシャロットは4等分に切る。

d) フリーザーバッグを開け、マリネを大きなボウルに注ぎ、肉を取り除き、ペーパータ

オルで軽くたたいて乾かします。よく切れるナイフで脂肪の層にひし形に切り込みを入れ、塩とコショウで肉のすべての面をこすります。

e) フライパンにバターを熱し、肉を強火で両面焼きます。エシャロットとにんにくを加え、しんなりするまで炒める。

f) マリネを鍋に注ぎ、ふたをして、**180°C** (ファン **160°C**、ガス: マーク **2-3**) (約 **350°F**) に予熱したオーブンで約 **2** 時間半、定期的に回転させながら調理します。

g) ふたを取り、温度を **200°C**（ファンオーブン **180°C**、ガス: マーク **3**）（約 **400°F**）に上げます。肉の脂肪面を上にして、オーブンでさらに約 **30** 分焼きます。

h) その間、鋭利なナイフを使用してオレンジとグレープフルーツの皮をむき、苦い白い髄をすべて取り除きます。膜の間の果物を切り取り、ボウルの上で作業してジュースを集めます。

i) 鍋から肉を取り出し、蓋をして保温します。月桂樹の葉を取り除き、調理液を鍋に注ぎます。沸騰させ、さらに約 **10** 分間沸騰させます。

j) セージをすすぎ、振って乾かし、葉を摘み、細かく刻みます。

k) 柑橘類の部分と集めた柑橘類の果汁をセージと一緒にソースに加え、約 **5** 分間調理します。塩こしょうで味を調えます。

l) 肉をスライスして、シトラス セージ ソースを添えます。

シャモア

28. 真空シャモアレッグ

材料

- 500 g シャモアの脚、骨なし、肉屋が準備
- 辛口赤ワイン 200ml
- ワイルドファンド 200ml
- 6 日付、石なし
- アップルサイダービネガー 大さじ 2
- 清澄バター 大さじ 2
- 2 タマネギ、赤
- 鹿肉の調味料 小さじ 1

方向:

a) 合計時間 2 時間 40 分

b) 浄化したバターでシャモアの脚を揚げます。脚を少し冷ましてから、ホイルで密封します。68 度のウォーターバスで約 2 時間調理します。

c) 玉ねぎは棒状に切り、ナツメヤシは半分をみじん切り、残り半分はみじん切りにする。

d) もも肉のフライパンで玉ねぎをじっくり炒めます。刻んだデーツを加える。赤ワイン、野生のジュース、アップルサイダービネガーで釉薬を落とし、半分に減らします. ジビエのスパイスとデーツのスライスを加えます。

29. シャモアカレー

材料

- シャモア肩 **2** 枚、骨の上で **4cm** のチャンクにカット
- 玉ねぎ **1** 個
- ねぎ **1** 束 粗みじん切り
- にんにく **4** 片
- 生姜 ひとつまみ
- スコッチボンネットペッパー **2〜3** 個
- ひと束のタイム
- コリアンダーシード 小さじ **2**
- クミンシード 小さじ **1**
- 小さじ **1** 杯のフェヌグリークシード
- マスタードシード 小さじ $\frac{1}{2}$
- フェンネルシード 小さじ $\frac{1}{2}$
- クローブ **4** 個
- $\frac{1}{4}$ ナツメグ
- ウコン 小さじ $\frac{1}{2}$
- ピーマンの種 **20** 粒
- 食用油 小さじ **2**
- 水またはチキンストック **5 1/2** カップ
- さいの目に切った中サイズのワキシーポテト **2** 個。

方向:

a) 玉ねぎ、ねぎ、にんにく、しょうが、スコッチボンネットペッパー、タイムをブレンダーに入れてペーストを作ります。肉をペーストに少なくとも2時間、できれば一晩マリネします。

b) すべてのドライスパイスを粉砕します。

c) 鉄鍋に油大さじ3を熱し、肉に焼き色をつける。塩こしょうで味を調えます。挽いたスパイスを加え、水で覆います。

d) 2〜2時間半煮込む。じゃがいもを加え、少し水を加えます。じゃがいもが柔らかくなるまで煮る。調味料を確認し、必要に応じて塩とコショウを追加します。

e) 米をふるいにかけ、水が透明になるまですすぐ。

f) 中型の重い底のキャセロールを用意してください。少量の油を加え、玉ねぎが柔らかく半透明になるまで炒めます。オールスパイス、チリ、タイム、塩を加えます。米を加え、ココナッツミルクと水を加えます。沸騰させ、ベーキングシートで覆い、しっかりと蓋をします。

g) 火を弱め、すべての水が蒸発するまで煮ます。**10～12**分。

h) ふたをしたまま **2～3** 分お米を休ませます。

フェザント

30. キジのマリネ焼き

材料

- 1羽のキジ

マリネ：

- 食用油 1カップ
- 玉ねぎのみじん切り 大さじ2
- 塩 小さじ1
- 小さじ黒胡椒
- にんにく小1片（みじん切り）
- ワインビネガー 大さじ1
- ウスターソース 大さじ1
- 砂糖小さじ1
- タバスコソース 小さじ1
- パプリカ小さじ1

方向

a) マリネ液をよく混ぜます。キジにマリネを塗り、足を縛ります。ベーキングディッシュに入れ、350°F で 1時間ローストします。オーブン。

b) 15分ごとに下塗りをし、仰向けに直立していない場合は鳥を一度向きを変えます。

31. 窒息したキジ

材料

- キジ 1 羽
- 脂肪 大さじ 3
- 味付けした小麦粉 1 カップと 1 大さじ 1 杯の乾燥スキムミルク
- ライトクリーム 1 カップ

方向

a) キジを味付けした小麦粉で転がし、よく焦げ目がつくまで油でソテーします。

b) 2〜3 クォートのキャセロールに移します。クリームを加えて、カバーします。

c) 350°F のオーブンで 1 時間焼くか、ストーブの上で 30 〜 45 分間煮込みます。

32. キジとリンゴのキャセロール

材料

- キジ 1 羽
- バターまたはマーガリン 大さじ 4
- 塩 小さじ 1
- タイム 小さじ 1
- 1 小さじ黒胡椒
- 皮をむいた大きなりんご 2 個
- アップルサイダー 1 カップ
- ワインビネガー 大さじ 2
- 調味料入り小麦粉

味付けした小麦粉でキジの部分を浚渫します。

バターまたはマーガリンを中火で焼きます。深いキャセロールに肉を移します。肉に塩、タイム、こしょうをふり、スライスしたりんごを加える。サイダーとビネガーを全体にかける。ふたをして、350°F で 4 時間焼きます。

33. キジのクリーム

材料

- キジ 1羽
- バター 1/3 カップ
- 塩 小さじ1
- タイム 小さじ1
- 小さじ1杯の黒胡椒
- 小麦粉 1カップ
- 小さじ1杯のタマネギジュースまたは1大
  さじみじん切りのタマネギ
- 生クリーム 1カップ

方向

a) 味付けした小麦粉でキジの部分を浚渫しま
   す。
b) バターでよく焼き色をつける。玉ねぎとク
   リームを加える。
c) ふたをして柔らかくなるまで30〜45分煮
   る。

34. 焼きキジ

材料

- キジ 1羽
- 溶き卵 1個
- 塩 小さじ1
- コショウ 小さじ1
- パン粉 1カップ
- 食用油 大さじ3

バーベキューソース

- 酢 大さじ1
- 2c。トマトソース
- さいの目に切ったセロリ 1カップ
- 玉ねぎのみじん切り 大さじ2
- ブラウンシュガー 大さじ1
- タイム 小さじ1
- 小さじ1酢 大さじ1
- 2c。トマトソース
- さいの目に切ったセロリ 1カップ
- 玉ねぎのみじん切り 大さじ2
- ブラウンシュガー 大さじ1
- タイム 小さじ1
- 塩 小さじ1
- 塩 小さじ1

方向

a) 溶き卵に塩、こしょうをする。
b) 卵の混合物でキジの部分を転がし、パン粉にします。
c) 油で中火で焼き色をつける。
d) バーベキューソースの材料を混ぜて、キジに塗ります。

35. キジステーキ

材料

- 子キジ1羽、胸とモモのみ
- 小麦粉 1カップ
- 塩 小さじ1
- コショウ小さじ1
- オレガノ 小さじ 1/16
- バジル 小さじ 1/16
- バター 1カップ

方向

a) ステーキを均一な厚さに叩きます。小麦粉に塩、こしょう、オレガノ、バジルを混ぜる。

b) ステーキをバターまたは他のショートニング (340°-360°F.) でゆっくり焼き色を付けます。きつね色になったらひっくり返す。焼き加減をテストするには、ステーキの中央に鋭利なナイフで切り込みを入れます。

c) ステーキはまだジューシーで、ピンク色の証拠はありません. 調理時間は約3〜5分です。

36. パルメザン キジ

材料

- キジ 1切れ

- グルタミン酸ナトリウム 小さじ1

- 小麦粉 1カップ

- 塩 小さじ1

- コショウ小さじ1

- すりおろしたパルメザンチーズ 大さじ2

- パプリカ小さじ1

- バター 1カップ

- ストック 1カップ

方向

a) 小麦粉に調味料を混ぜる。キジの部分を混ぜて丸めます。可能であれば、コーティングされたピースをラックに置き、約1時間乾燥させます。

b) フライパン（340°-360°F）のバターでゆっくりと茶色にします。両側で15分待ちます。きつね色になったらブイヨンキューブを溶かしただし汁またはお湯を加える。

c) カバー。約20分または柔らかくなるまで煮ます。

d) ふたを開けて、カリカリになるまで約 **10** 分
長く調理します。

37. きのことキジの煮込み

材料

- キジ 1切れ
- パンケーキミックス 1カップ
- バター 1カップ
- きのこ 1カップ
- イオンのみじん切り 大さじ3
- ストック 1カップ
- レモン汁 大さじ1
- 塩 小さじ1
- 小さじ1杯の黒胡椒

方向:

a) パンケーキミックスにキジを切り刻む。

b) きつね色になるまでバターで茶色にします（約10分）。

c) キジの部分を取り除きます。

d) フライパンに残っているバターで、きのことみじん切りにした玉ねぎをきつね色になるまで炒めます（約10分）。

e) 肉をフライパンに戻し、だし汁、レモン汁、調味料を加える。ふたをして、1時間または柔らかくなるまで煮ます。

38. キジの唐揚げ

材料

- 子キジ 1 羽、細かく切る
- 1 カップのコーティング混合物
- 牛乳またはバターミルク
- 調理油

方向:

a) キールまたは胸骨の両側から鋭利なナイフ
   で肉を切り、胸肉を 2 つ作ります。キジの
   切り身を牛乳またはバターミルクで冷蔵庫
   で 1〜 2 時間マリネするか、牛乳に浸しま
   す。

b) 必要なコーティングでピースをドレッジし
   ます。ラックで約 30 時間乾燥させます。

c) 一度に数片を深い脂肪バスケットに移し、
   加熱した脂肪 (350° -360° F.) に下げます。
   2 インチ以上の加熱脂肪を使用してくださ
   い。

d) きつね色になったら片を取り除きます（3〜
   5分）。

e) すぐにサーブします。

39. キジの胸肉のご飯

(4人前)

材料

- キジの胸肉 4枚
- きのこのスープ 1缶
- エンベロープドライオニオンスープミックス 1個
- 牛乳 1カップ
- ご飯1杯
- きのこ片 1カップ

方向:

a) スープと牛乳を合わせる。混合物の半分を長方形のグラタン皿 (約 7 x 11 インチ) に注ぎます。

b) ご飯ときのこのかけらを混ぜます。炊き込みご飯の上にキジの胸肉を並べ、押しつぶして残りのスープの素を胸肉の上にかけます。

c) ホイルで覆い、3 50°F のオーブンで1時間15分焼きます。茶色になる最後の15分間を明らかにします。

40. キジフォンデュ

材料

- 一口大に切ったキジ 1羽
- 2c。植物油

方向:

a) 電気フォンデュ鍋でオイルを 425°F に加熱します。

b) キジの部分から余分な水分を振り落とし、フォンデュ フォークに突き刺し、熱い油に入れます。約1分またはきつね色になるまでフォンデュします。フォークから取り出し、必要に応じて塩を加えて、すぐに食べられます。

41. キジのボール

（3〜4人前）

材料

- 生のキジの挽き肉 1 カップ
- 卵 1 個、少し溶きほぐす
- 玉ねぎのみじん切り 大さじ 2
- 塩 小さじ 1
- パプリカ小さじ 1
- コショウ小さじ 1
- 脂肪または油 大さじ 2
- パン粉および/またはコーンフレーク粉 1 カップ

方向:

a) キジ、卵、玉ねぎ、スパイスを混ぜ合わせます。

b) 直径 1 インチのミートボールを約 7 個作ります (丸みを帯びた大さじ 1 杯分)。パン粉をまぶします。

c) 茶色と肉が完成するまで脂肪を茶色にします。中火で約 15 分。

42. キジとご飯のスープ

(4人前)

材料

- 身なりを整えたキジ 1 羽

- 覆う水

スープ:

- 1 クォート ブロス

- さいの目に切ったにんじん 1 本 (1/3 から
  ! c.)

- 玉ねぎのみじん切り 大さじ 2

- tc。さいの目に切ったセロリ

- さいの目に切った調理済みのキジ 1 カップ

- 米 大さじ 2

- | 小さじセロリソルト

- ! 小さじ 1 杯以上の塩

- † 小さじコショウ

方向:

a) **キジの場合:**肉が柔らかくなり、骨から簡
単に外れるようになるまで、30〜40分煮

ます。涼しい。骨から肉を取り除き、スープを漉します。

b) **スープ**：すべての材料を合わせて **15** 分煮る。これは前もって作り、再加熱して提供することができます。カリカリのクラッカーと一緒にお召し上がりください。

43. キジのスフレ

(4 人前)

材料

- 調理済みのキジの立方体 1 カップ

- 卵 2 個

- 炊いた白米 1 カップ

- ! c. 焼きたてのパン粉

- ! c. さいの目に切ったセロリ

- 牛乳 1 カップ

- 塩 小さじ 1

- 小さじ 1 杯の黒胡椒

- タイム 小さじ 1

方向:

a) 卵黄を泡立て、卵白以外の材料をすべて加える。卵白を固くなるまで泡立て、混ぜ合わせます。

b) 油をたっぷり塗った平らなグラタン皿か、8 x 8 インチの正方形の皿に注ぎます。

c) 約 350°F で約 30 分間、または中央にナイフを挿入してきれいになるまで焼きます。

d) 四角に切り、マッシュルームソースを添え
て。

44. キジ鍋パイ

（2〜3人前）

材料

● 調理済みのキジの立方体 1 カップ

● 玉ねぎのみじん切り 1 カップ

● 薄くスライスしたニンジン 1 カップ

● 冷凍エンドウ豆 1 カップ (! パッケージ)

● ローリエ 1 枚

● チキンブイヨンキューブ 1 個

● 1 カップの水

● ミディアムホワイトソース 1 カップ

● 濃厚ビスケットトッピング

方向:

a) オプションの調味料: チリ パウダー、クミ
    ン、ウスターソース、セイボリー、タイム、
    メース、マジョラム、またはこれらのスパ
    イスの組み合わせ。

b) 野菜、月桂樹の葉、ブイヨンキューブを水
    で柔らかくなるまで茹でます（約 10 分）。
    ソース用の液体を排出して保存します。

c) 液体と十分な量の牛乳を混ぜて、**2** カップ
の液体を作ります。

d) バター大さじ **3**、小麦粉大さじ **3**、塩小さ
じ **1** でソースを作る。

e) キジ、野菜、ホワイトソースを組み合わせ、
必要に応じて追加の調味料を加えます。**3**
クォートに入れます。キャセロールとベー
キングパウダービスケットのトップ。
450°F で **15** 分間焼きます。

45. キジアラキング

2人前

材料

● 調理済みのキジの立方体 1 カップ

● バターまたはマーガリン 大さじ1

● 小麦粉 大さじ1

● ! c. スープまたはチキンブイヨン

● 生クリーム 1カップ

● 塩 小さじ1

● コショウのダッシュ

● 玉ねぎのみじん切り 大さじ1

● 卵黄 1個（溶きほぐす）

● トースト 2 枚またはイングリッシュマフィン

方向:

a) ソースパンにマーガリンと玉ねぎを溶かし、小麦粉をかき混ぜます。

b) 煮汁と生クリームを加え、沸騰させないようにゆっくりと加熱する。この混合物を溶き卵黄に注ぎます。塩、こしょう、キジを加える。

c) 熱くなるまで加熱するだけです。バターを塗ったトースト ポイントやイングリッシュ マフィンにのせてお召し上がりください。

46. キジローフ

（3〜4人前）

材料
- 細かくさいの目に切った調理済みのキジ 1
  カップ
- 玉ねぎのみじん切り 大さじ 2
- ピーマンのみじん切り 大さじ 2
- 塩 小さじ 1
- ナツメグ 小さじ 1
- コショウ小さじ 1
- 乾燥パン粉 1 カップ
- 溶き卵 2 個
- 牛乳 1 カップ
- ウスターソース 大さじ 1

方向:

a) 最初の 7 つの材料を組み合わせる。ビー
   トエッグ

b) 牛乳とウスターソースを混ぜます。乾燥混
   合物に液体を加える。よく混ぜます。バタ
   ーを塗ったパンに入れ、350°F のオーブン
   で 45 分間焼きます。長いパンを使用する
   場合は、それに応じて焼き時間を短くして
   ください。

47. キジコロッケ

（コロッケ 10～12 個分）

材料

- 刻んだ調理済みのキジ 1 カップ
- バターまたはマーガリン 大さじ 4
- 小麦粉 大さじ 4
- 牛乳 1 カップ
- 塩 小さじ 1
- マジョラム 小さじ 1
- 小さじ 1 杯のカレー粉
- 溶き卵 1 個
- 小麦粉 大さじ 2
- パン粉および/またはコーンフレーク粉 1 カップ

方向:

a) 小麦粉、バター、牛乳でソースを作り、肉と調味料を加える。よく冷やす。卵を打ちます。

b) コロッケの混合物を成形し、小麦粉、卵、次にパン粉を入れて転がします。

c) 375°F で約 5 分間、またはきつね色になるまで油で揚げ、吸水紙の上で水気を切り、熱いうちにサーブします。

48. キジのパテ

パティ 7〜8枚（4人前）

材料

● **2c**。調理したキジをさいの目に切る（すり
  つぶさないでください）
● トーストしたパン粉 1カップ
● バターまたはマーガリン 大さじ4（分け
  ておく）
● 玉ねぎのみじん切り 1カップ
● ピーマンのみじん切り 大さじ2
● 卵 1個、少し溶きほぐす
● 牛乳 1カップ
● ウスターソース 小さじ1
● 塩 小さじ1
● タイム 小さじ1
● 小さじ1杯の黒胡椒
● コーンフレーク 1カップ

方向:

a) フライパンにバターまたはマーガリン大さ
   じ2を中火で溶かし、玉ねぎとピーマンを
   きつね色になるまで炒める。キジ、パン粉、
   調味料をブレンドします。野菜から脂肪を
   取り除き、卵、牛乳、ウスターソースを加
   えます。よく混ぜ、数分置いて味をなじま
   せます。

b) 丸みを帯びた大さじ 1 杯の混合物をパン粉にスプーンで出し、パン粉でコーティングし、スパチュラの助けを借りて中火のフライパンに移します.

c) 必要に応じて大さじ 2 杯のバターまたはマーガリンを使用して、きつね色になるまで炒めます。

d) 乾燥するので、加熱しすぎないでください。この混合物は扱いが難しいですが、パテを作るのに忍耐を保証するのに十分です. マッシュルームソースをパティと一緒に添えてもよいでしょう。

49. キジハッシュ

（3〜4人前）

材料

● キジの肉 1カップ

● じゃがいも 1個

● ピーマンのみじん切り 小さじ2

● 玉ねぎのみじん切り 小さじ2

● ピーマン 大さじ1

● 塩 小さじ1

● コショウ小さじ1

● 脂肪 大さじ2

方向:

a) キジとジャガイモを食べ物に通す

b) 中刃から粗刃のグラインダー。・コショウ、タマネギ、ピーマン、調味料を加える。茶色

c) 時々かき混ぜながら、脂肪で15分間。

アヒル

50. 北京ダック

サービング：4-6

材料

- 4½ ポンド アヒル全体
- 液体はちみつ 大さじ2
- 四川胡椒 大さじ1
- 海塩 大さじ1
- 中華五香粉 大さじ1
- 重曹 大さじ1
- ねぎ 6個（粗みじん切り）
- 新鮮なショウガ 3½ オンス、粗みじん切り

奉仕する

- パンケーキ
- 長ねぎ 1束
- きゅうり 1/2 本、細切りにする
- 海鮮ソース

方向

a) アヒル全体に蜂蜜をマッサージします。

b) すりこぎとすり鉢で、四川胡椒と海塩を粗い粉末に砕きます。中華五香粉とベーキングパウダーを入れて混ぜます。

c) 混合物をアヒルに均等に広げ、蜂蜜の皮にマッサージします。

d) ネギとショウガの半分を空洞に詰めます。

e) 熱した木製オーブンで 25 〜 40 分間ローストします。

f) 途中で鴨をひっくり返し、下面もカリカリに焼き上げます。

51. 鴨の燻製

材料:

- 5ポンドのアヒル全体（余分な脂肪を取り除いたもの）

- 小ねぎ 1個（4等分）

- りんご 1個（くし切り）

- オレンジ 1個（4等分）

- 刻んだパセリ 大さじ1

- 刻んだばかりのセージ 大さじ1

- オニオンパウダー 小さじ $\frac{1}{2}$

- スモークパプリカ 小さじ2

- 乾燥イタリアンシーズニング 小さじ1

- 乾燥ギリシャ調味料 大さじ1

- コショウ小さじ1またはお好みで

- 小さじ1杯の海塩または味

方向:

a) こするために、オニオン パウダー、コショウ、塩、イタリアの調味料、ギリシャの調味料、パプリカをミキシング ボウルで混ぜ合わせます。

b) オレンジ、タマネギ、リンゴをアヒルの空洞に挿入します。刻んだパセリとセージをアヒルに詰めます。

c) アヒルのすべての面に、ラブミックスでたっぷりと味付けします。

d) アヒルをグリル格子に置きます。

e) 2時間から2時間半、または鴨の皮が茶色になり、ももの内部の煙の温度が160°Fに達するまでローストします。

52. ブラックボトムダック

材料:

- 野生または家禽のアヒル 3 羽
- 4 T. レモン汁
- 1/2c。溶かしバター

バスト

- ローストパンからの液体1カップ
- ½ トン。小麦粉
- 2 トン。黒砂糖
- 1 T. ワインビネガー
- ½ オレンジのジュース
- 1 トン。すりおろしたオレンジの皮

方向:

a) 小麦粉で液体を引き締めます。弱火で砂糖をカラメル状にし、酢、オレンジジュース、皮を加えます。とろみのある液体に加え、アヒルの上に注ぎます。

b) アヒルの内側と外側をきれいにし、焦がし、レモン汁でこすります。1 ポンドの鴨を 425/10 分間ローストします。バターを塗る。骨付きアヒルは素晴らしいです。終了したら、それをベースにします。

53. スパイシーローストダック

材料

- 鴨1羽
- 小麦粉 2T
- ½t。塩t。コショウ
- 1T。オールスパイス、ひび割れ
- ローリエ 1枚（砕いたもの）

方向:

a) 小麦粉、塩、コショウ、オールスパイスの
混合物で鴨の内側と外側をこすります。ベ
イリーフを上に振りかけます。ロースター
のラックに置きます（いくつかのアヒルを
近づけて配置すると、乾燥を防ぐことがで
きます）.蓋をして、低速オーブン (325/)
で 2 時間半から 3 時間、または柔らかく
なるまで焼きます。

b) ローストの最後の時間に、各アヒルをホイ
ルで包むことをお勧めします.

54. 鴨の醤油漬け

材料

- 鴨 2 羽（4 等分）
- 1～13½ オンス。パイナップルのちょっと
  したことをすることができます
- ½c。醤油
- 1 トン。生姜のすりおろし
- ¼c。ショートニングまたはベーコンドリッ
  プ
- 1～3 オンス。きのこ缶詰、水気を切った

方向:

a) パイナップル、醤油、しょうがを混ぜたも
   のにアヒルを一晩漬け込みます。肉を拭き
   ます。褐色の脂肪。

b) 浅いキャセロールに入れます。マリネとキ
   ノコを注ぐ。適度なオーブン（350℃）で
   1時間半、または柔らかくなるまで（必要
   に応じて水を加えて）焼きます。

55. 鴨フィレ

材料

- 鴨 1 羽
- インスタント肉軟化剤
- ベーコン 2 枚
- サラダ油 2T

方向:

a) よく切れる包丁で鴨の皮を剥きます。胸肉を 2 枚のフィレに切る。肉たたき剤はパッケージの指示に従って使用してください。各フィレをベーコンスライスでゆるく包みます。つまようじで固定します。

b) 適度な熱で油でフィレを焼き色がついて柔らかくなるまで、片面約 15 分間調理します。調理したベーコンのリボンと一緒に大皿に盛り付けます。

56. テキサス・バーベキュー・ダック

材料

- 鴨 2 羽
- サラダ油 2T
- バーベキューソース

方向:

a) アヒルを油でこする。ブロイラーの下で褐色。アヒルにソースの半分を塗ります。各キャビティに大さじ 1 ソースを入れます。各鳥を厚手のホイルでしっかりと包みます。遅いオーブン（325/）で浅い鍋で 1 時間、または柔らかくなるまで焼きます。最後の 15 分間ホイルを取り除き、残りのソースをスプーンでかけます。

b) 屋外でグリルするには：上記の手順に従い、熱した炭で焼き色を付け、低速の炭で仕上げます。

c) **のために** バーベキューソース：大さじ 2 杯のタマネギのみじん切りを 1/4 カップのバターで炒めます。½ カップのケチャップ、½ カップのレモン汁、小さじ 1/4 のパプリカ、小さじ 1/2 の塩、小さじ 1/4 のコショウ、小さじ 1/4 の赤唐辛子、小さじ 2 のウスターソースを加えます。15 分煮る。

57. ダックガンボ

材料

ストック：

- 大鴨 **3** 羽または小鴨 **4** 羽
- **1** ガロンの水
- 玉ねぎ **1** 個
- セロリ **2** 本
- にんじん **2** 枚 月桂樹の葉 **2** 枚 **3** トン。塩
- **1** トン。コショウ

ガンボ：

- **3/4c**。小麦粉
- **3/4c**。油
- みじん切りにしたにんにく **2** 片
- 細かく刻んだタマネギ **1** カップ
- $\frac{1}{2}$**c**。細かく刻んだセロリ
- **1c**。細かく刻んだピーマン
- **1 lb.** オクラ **1/4** インチにカット
- **2 T.** ベーコン グリース
- **1** ポンド。生のむきエビ
- **1pt.** 牡蠣とお酒
- $\frac{1}{4}$**c**。パセリのみじん切り
- **2c**。米飯

方向:

a) アヒルの皮; タマネギ、セロリ、月桂樹の葉、塩、コショウを入れた水で約 1 時間、または鴨肉が柔らかくなるまで茹でます。歪み; すべてのグリースをすくい取り、在庫の 4 分の 3 を確保します。必要に応じて、チキン ブイヨンまたはビーフ ブイヨンを加えて 3 クォートのストックを作ります。枝肉と小片から肉を取り除きます。在庫に戻ります。ストックはガンボを作る前日に作ることができます。

b) **ガンボの場合:**大きなダッチオーブンで、小麦粉と油でこげ茶色のルウを作ります。にんにく、玉ねぎ、セロリ、ピーマンを加えます。オクラをベーコングリースですべての粘り気がなくなるまで、約 20 分間ソテーします。ドレイン。スープ ポットでストックを温め、ルウと野菜の混合物をゆっくりとかき混ぜます。オクラを追加します。1 時間半煮込みます。エビ、カキ、酒類を加え、さらに 10 分煮る。パセリを混ぜて火から下ろします。味付けを整えて、ふっくら熱々のご飯にのせて。12 人分。

ハト

58. 鳩の野菜煮込み

材料

- 6 ハト
- 3 T.バター
- エシャロット 4個またはねぎ 6個、粗くスライス
- にんじん 1本
- 葉を粗くスライスしたセロリ 1本
- ピーマン 1/2 種を取り、粗くスライスする
- 月桂樹の葉 2枚
- 1 トン。マジョラム（またはタイム、タラゴン、ローズマリー）
- ½c。沸騰した液体、半分のチキンブロス、半分の白ワイン ¼ c. 室温のサワークリーム

方向:

a) 使用するキャセロールで軽く焦げ目がつくまでバターで鳩をソテーします。鳥を脇に置きます。プロセッサーまたはブレンダーで、4つのスライスした野菜を細かいみじん切りにしますが、完全にはピューレにはしません。水気を切り、キャセロールでみじん切りにした野菜を炒めます。ハーブ、沸騰した液体、鳥を加えます。

b) 蓋をして 350 度で 15〜25 分焼きます。鳩を取り除きます。サワークリームを野菜に混ぜてソースとしてお召し上がりください。

とろみが足りない場合は生クリームを足し
てください。

59. 鳩のグリル

材料

- $\frac{1}{4}$c。油
- みじん切りにしたにんにくまたはエシャロット 2片
- 1トン。乾燥ローズマリー、砕いた
- 塩とコショウ
- 背中を割って平らにした鳩 6羽

方向:

a) 油、にんにくまたはエシャロット、ローズマリー、塩、こしょうを混ぜ、鳥の両面に刷毛で塗ります。

b) 側面から 4 〜 5 インチのグリルまたはグリルで 7 〜 8 分加熱し、油の混合物で数回焼きます。

60. ワイルドライスと鳩の煮込み

材料

- 洗ったワイルドライス **1** カップ
- ダイブブレスト **10** 個
- ½ レモンのジュース
- 塩とコショウ
- **3 T.** バター
- みじん切りにしたエシャロットまたはねぎ **4** 個
- セロリ **1** 本（みじん切り）
- きのこ **1/2** ポンド
- ½ トン。タラゴン
- **1/2c.** ドライベルモットまたは白ワイン
- **1½c.** チキンスープ

方向:

a) 水が透明になるまでワイルドライスを洗います。ドレイン。鳩の胸肉の皮をむき、レモン汁でこすり、塩こしょうします。エシャロットまたはネギ、セロリ、マッシュルームをバターで軽く炒めます。

b) キャセロールの底にご飯を置き、鳩の胸肉を置き、残りの材料を加えます.

c) ふたをして、**325℃**のオーブンで **1** 時間半から **1** 時間半焼きます。

61. マルサラのハトとご飯

材料

- 生米 1 カップ
- 3 T. バター
- 4 ハト
- レモン汁
- 塩とコショウ
- ½ トン。ローズマリー、砕いた
- 白ねぎ 8 個
- きのこ 1/2 ポンド
- 1c。チキンスープ
- 1c。マデイラ

方向:

a) 米をバターで炒め、焦げないようにします。
   キャセロールの底に置きます。鳩の内側と
   外側をレモン汁でこすり、次に塩、コショ
   ウ、ローズマリーでこすります。ご飯の上
   にハトを置き、玉ねぎとキノコで囲みます。

b) 鳩の上にブロスとマデイラを注ぎ、蓋をし
   て、350/オーブンで 30〜40 分間煮ます。

62. バーベキュー鳩胸

材料

- 12 鳩の胸 - 若鳥
- 1/2 ボトル (18 オンス) のバーベキューソースと玉ねぎのかけら
- しっかりと詰まったブラウンシュガー 1 カップ
- $\frac{1}{4}$c。赤ワイン
- $\frac{1}{2}$ トン。ウスターソース
- ベーコン 12 枚

方向:

a) 胸肉にベーコンを巻きつけ、つまようじでとめます。ホットガスグリルまたは単層炭の上に置き、ソースを刷毛塗りします。

b) 10 分間グリルします。ひっくり返し、ソースを塗り、さらに 5 分間、または焼き目がつくまで焼きます。

ウズラ

63. テキサス ウズラ 'N ベーコン

材料

- 鳩またはウズラの胸肉 10 個
- 中くらいのジャガイモ 5 個、皮をむいて縦半分に切る
- ベーコン 5 枚
- 1/2c。パン粉
- $\frac{1}{4}$c。すりおろしたパルメザンチーズ
- $\frac{1}{4}$c。小麦胚芽（お好みで）
- 1 トン。塩こしょう お好みで
- $\frac{1}{4}$ スティックマーガリン、溶かす
- 焼き色のついた大袋 1 袋

方向:

a) ベーコンの薄切りは半分に切る。ハトまたはウズラの胸肉をそれぞれ 1/2 スライスのベーコンで包みます。

b) パン粉、パルメザンチーズ、小麦胚芽、塩を混ぜ合わせる。じゃがいもを溶かしたマーガリンに浸し、上記の混合物に浸します。平らな面を下にして、大きな茶色のバッグに入れます。

c) 鳩の胸肉を混ぜて丸め、じゃがいもの上にのせます。味にコショウ。350℃で 1 時間焼きます。4〜6 人分です。

64. ウズラの野菜とハムのストリップ

材料

- 4 T.植物油
- 1 トン。みじん切りの生姜
- 3 うずら、割り
- 塩とコショウ
- 3〜4 T.チキンブロス
- 中サイズのズッキーニ 1 本、細切りにする
- にんじん 1 本、皮をむき、細い棒状に切る
- ネギ 4 本、細切りにする
- ブロッコリーの大きな茎 2 本、皮をむき、薄い帯状に切る
- 2 オンス。カントリーハムまたは生ハム、細切り

方向:

a) 大きなフライパンまたは中華鍋で、大さじ 2 杯の油とショウガを熱します。

b) ウズラの四方を焼きます。それらを塩こしょうします。煮汁を少し加えて蓋をし、15 分ほどゆっくり蒸し煮にする。

c) ウズラは汁ごと取り出して保温します。2 〜3 人分。

65. うずらのぬいぐるみ

材料

- クラッカー 1 カップ
- カリカリにソテーして砕いたベーコン 2枚
- 刻んだセロリ 2 T.
- チキンブロス 1 カップ（ブイヨンブロスで十分）
- ウズラ1枚につきベーコン1枚
- ウズラ 6〜8羽
- バター
- 1/2c。白ワインまたはベルモット

方向:

a) オーブンを 350℃に予熱する。パン粉、砕いたベーコン、セロリを 1/2 カップのチキン ブイヨンと混ぜて詰めます。各ウズラの周りにスライスベーコンを 1枚巻き、つまようじで固定します。

b) バターを塗ったオーブンプルーフのキャセロールに入れます。ワインを加え、蓋をせずに 30 分ローストする。さらに液体が必要な場合は、残りの 1/2 カップのスープから液体を追加します。

66. ネギのベッドのウズラ

材料

- 8 ウズラ
- 4 T. バター
- 植物油 1T
- 6-8 ネギ、約 2 c.、1 インチのスライスに カット
- 塩と挽きたてのコショウ
- 生クリーム 1 カップ
- みじん切りパセリ 2 個

方向:

a) 大きなフライパンまたは中華鍋で、ウズラ を 1 T. のバターと油でソテーし、すべて の面にすばやく焦げ目がつくようにします。 削除する。ネギを残りのバターで同じフラ イパンでソテーします。

b) それらにほんの少しの水（大さじ 2 杯以 下）を加え、蓋をして、ネギが柔らかくな り始め、液体を吸収するまで約 10 分間ゆ っくりと調理します.

c) ネギの上にうずらをのせ、塩、こしょうを ふり、生クリームを全体にかける。ふたを して 20 分ゆっくり煮る。盛り付ける時に 上からパセリを散らす。4 人前。

67. ウズラのサワークリームとベーコン添え

材料

- 16 ウズラの胸肉
- レギュラーベーコン 16枚
- サワークリーム 1カップ
- 1〜10$\frac{3}{4}$ オンス。マッシュルームスープの缶詰クリーム
- スライスしたキノコ 1カップ

方向:

a) ウズラはお好みで塩こしょうで下味をつける。うずらをベーコンで巻く。サワークリームとスープをマッシュルームと合わせます。

b) 鳥の上にスプーン。275℃で3時間、ふたをせずに焼きます。8人分。ご飯の上にのせて。

ウサギ

68. チーズラビットポットパイ

材料

- 18 オンス。クリーム チーズのパッケージ、小さな立方体
- ½ カップのチキンスープ
- 茹でたうさぎのみじん切り 3 カップ
- 16 オンス。冷凍ミックスベジタブル、解凍
- にんにく塩 小さじ ½
- 卵 1 個
- ½ カップの牛乳
- 万能ベーキングミックス 1 カップ
- 好みのスパイス

方向:

a) オーブンを 400°F に予熱します。

b) 大きな鍋でクリームチーズとブイヨンを弱火でクリームチーズが完全に溶けるまで煮る

c) 溶けて混合物がよく混ざり、泡だて器で頻繁にかき混ぜます。

d) ウサギ、野菜、ガーリックソルト、その他の好みのスパイスをかき混ぜます。スプーンで 9 インチのパイ皿に入れます。

e) 卵、牛乳、ベーキングミックスをミディアムボウルに入れ、よく混ざるまで泡だて器

で混ぜます。ベーキングミックスをかき混ぜます

f) 湿るまで混合物をスプーンでウサギの肉にかけます。

g) ベーキングシートの上にパイ皿を置きます。

h) 25〜30分、またはきつね色になるまで焼きます。

69. うさぎの野菜焼き

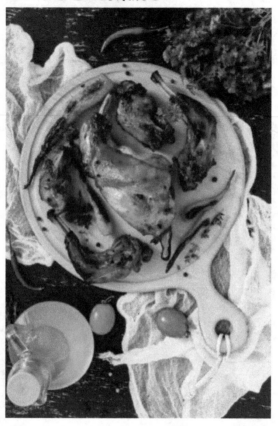

材料

- 若いウサギの脚 4 本 (1 ポンド)

- ビネグレット ドレッシング 1/4 カップ

- 1 ズッキーニとスカッシュ、一口大に切る

- 1 赤ピーマン、一口大に切る

- カットアップした新鮮なアスパラガスの槍 1 カップ

- 赤玉ねぎ 1 個、みじん切りにする

- 好みのスパイス（好みで）

- パイナップル 1/4 カップ（お好みで）

方向:

a) グリルを中火から強火に加熱します。

b) 大さじ 2 杯のドレッシングでウサギの足を ブラッシングし、10 分間放置します.

c) その間に、使い捨てアルミホイルパンの底 に穴を開けます。

d) 残りのドレッシングで野菜をトスします。

e) 用意した鍋に入れる。

f) Sprinkle preferred spices over
    ingredients

g) ウサギの足と野菜の鍋をグリル格子に置き
    ます。

h) 20分またはウサギが焼き上がり
    （165°F）、野菜がカリッと柔らかくなる
    までグリルし、10分後にウサギをひっく
    り返し、時々野菜をかき混ぜます．

70. ワンディッシュ うさぎとさつまいも

材料

- ½ カップのイタリアンドレッシング

- ブラウンシュガー 大さじ 3

- フレッシュタイムのみじん切り 大さじ 1

- サツマイモ 1.5 ポンド (約 3 個)、幅 3/4 インチのくさびに切る

- 子うさぎ 1 匹 (3 ポンド)、8 ピースにカット

方向:

a) オーブンを華氏 375 度に加熱します。

b) 大きなボウルにドレッシング、砂糖、タイムを混ぜます。

c) ポテトを追加します。コートするために投げます。

d) じゃがいもを 15x10x1 インチの鍋に移し、ドレッシングを取っておきます

e) ボウルに混ぜます。

f) 予約したドレッシング混合物に若いウサギを追加します。コートするために投げます。

g)　じゃがいもと一緒に鍋に入れます。

h)　1時間、またはじゃがいもが柔らかくなり、
　　うさぎが完成するまで (165°F) 焼きます。

i)　ウサギとポテトを大皿に移します。

j)　鍋からの滴りを濾します。うさぎにこしソ
　　ースをかけます。

71. ウサギのクレオール

材料

- 大型、若いまたは成体のウサギ 1 匹、4 等分

- 1 缶のチキンブロスまたはブイヨンキューブを水で溶いたもの

- または他の液体飲料

- トマトソース or スープ 1 缶

- 中玉ねぎ 1 個、みじん切りまたはスライス

- にんにくのみじん切り 大さじ $\frac{1}{2}$、または粉末にんにく小さじ $\frac{1}{2}$

- 小さじ 2 ペッパーソースまたはスパイシーペッパー

- 塩、コショウ、コリアンダー、その他お好みのスパイス

方向:

a) シチューや土鍋にだし汁と調味料を混ぜ合わせ、

b) またはローストパン。

c) うさぎ肉を入れる。

d) 完了するまでゆっくりと調理します。

e) ヒント：ご飯や豆の上にかけるのが理想的
です。

72. 引っ張られたバーベキューうさぎ

材料

- ½ カップのチキンスープ

- 年長のウサギ 1 匹

- 必要に応じて、ビールまたはワイン ½ カップ

- 必要に応じて、大さじ ½ のニンニクまたは小さじ ½ のガーリック パウダー

- 必要に応じて、刻んだタマネギ 1/4 カップ

- バーベキュー スパイスとソース

- 月桂樹の葉 2 枚

方向:

a) クロックポットまたはローストパンで、選択した調味料を使用して液体ですべての材料をゆっくりと調理します。

b) 終わり。

c) 全体に火が通ったら、うさぎを取り出して休ませる（水気を切って冷ます）。

d) ウサギの肉が十分に冷めたら、骨から取り出します。

e) 引っ張った肉を調理鍋またはフライパンに
   戻し、味にバーベキューソースを加えます.

f) お肉を **BBQ** ソースで再加熱。

73. うさぎのタコス

材料

- $\frac{1}{2}$ カップのチキンスープ
- 年長のウサギ 1 匹
- 必要に応じて、ビールまたはテキーラ $\frac{1}{2}$ カップ
- 必要に応じて、大さじ $\frac{1}{2}$ のニンニクまたは小さじ $\frac{1}{2}$ のガーリック パウダー
- 必要に応じて、刻んだタマネギ 1/4 カップ
- お好みのメキシカンタイプのスパイス/調味料。または、市販のタコス ミックス パケットを使用できます
- 月桂樹の葉 2 枚
- タコの殻
- 調味料: 千切りレタス、刻んだトマト、チーズ、サルサ、サワー クリーム、ハラペーニョ

方向:

a) 調理鍋またはローストパンで、上記の材料と選択した調味料を使用して、ウサギを液体でゆっくりと調理します。

b) 全体に火が通ったら冷ます。ウサギの肉を取り出し、休ませる（水気を切って冷やす）。

c) 骨から肉を取り除き、鍋やフライパンに戻し、調味料を加えて味を調えます。

d) 引っ張ったウサギの肉を再加熱します。

e) 十分に加熱してからお召し上がりください。

f) サービングディッシュに移動します。

g) タコの殻を乗せ、お好みで飾ります。

ガチョウ

74. スノーグースのグリーンカレー

材料

- 1 インチの立方体に切ったスノー ガチョウ 2 羽

- 24 オンスのココナッツ ミルク、缶詰

- 油 大さじ 2

- 魚醤 大さじ 2

- 塩 小さじ 1

- 新鮮なみじん切りのコリアンダーの葉 大さじ 4

- 緑のカレーペースト 大さじ 3

- みじん切りにした青唐辛子 2 個

- すりおろしたレモンの皮 大さじ 1

方向:

a) ココナッツ ミルクとオイルの半分を中火から強火で 4 〜 5 分間、またはとろみがつくまで煮ます。

b) カレーペーストを加え、絶えずかき混ぜながら 5 分煮る。

c) ガチョウの肉を加え、中火から強火で約 15 分煮る。

d) 残り半分のココナッツミルク、レモンの皮、塩、魚醤を加えます。

e) 混合物が沸騰し始めるまでかき混ぜます。

f) 弱火にし、ふたを外して**35**分煮る。

g) 刻んだ唐辛子とハーブを加えます。**5**分煮る。

75. Snow Goose ファヒータ

材料

- 1 ポンドの SNOW GOOSE の肉を細切りにする

- ピーマン 1個

- 赤唐辛子 1個

- 黄ピーマン 1個

- 赤玉ねぎ 1個

- 4 オンスのビールまたはリンゴジュース

- 油 大さじ 2

- チリパウダー 大さじ 2

- 絞ったライム 1/2 個

- 小さじ 1/4 のカイエンペッパー

- 塩とコショウの味

- 小麦粉のトルティーヤ

- サルサ

- サワークリーム

方向:

a) すべての野菜を短冊切りにする。

b) 鉄のフライパンに油をひき、煙が出るまで
熱する。ガチョウの肉とスパイスを加える。

c) 肉がミディアムレアになるまで手早く炒め、
次に野菜を加え、野菜が柔らかくカリカリ
になるまで強火で炒める（約 **3～5**分）。

d) ビールまたはリンゴジュースを加え、ライ
ムを絞り、よく混ざるまでかき混ぜ続けま
す。

e) フライパンからトルティーヤに盛り付け、
お好みでサルサとサワークリームを添えて
ください。

76. ペストのスノーグース

材料

- 3 ポンドの SNOW GOOSE 肉、スライス

- 白ワイン 3 カップ

- 3/4 カップのペストソース

- 砕いたフェンネルシード 小さじ 1

- キャラウェイシード 小さじ 1

- コリアンダー 小さじ 1

- 砂糖小さじ 1/2

方向:

a) ガチョウの肉を冷蔵庫で一晩白ワインに漬け込みます。

b) 肉を排出します。

c) 電気フライパンで焼き肉。フェンネル、砂糖、コリアンダー、キャラウェイ、ペストを加えます。

d) 1時間煮る。

77. スノーグースの炒め物

材料

- SNOW GOOSE の肉、厚さ 1/2 インチに スライス

- てりやきソース 1 カップ

- 白ワイン 1 カップ

- 五香粉 小さじ 5

- スライスした中華野菜 3 カップ

方向:

a) マリネを作るには、照り焼きソース、白ワイン、五香粉を混ぜます。

b) 肉を 2 〜 4 時間マリネします (長いほど良い)。ドレイン。

c) ごま油を熱した中華鍋または黒フライパンで炒めます。野菜を加え、野菜がしんなりするまで炒める。

78. スノーグース メダリオン

材料

- 1 SNOW GOOSE の胸肉

- コニャック **1/3** カップ

- 白ワイン **1/3** カップ

- **1/3** カップのクリーム

- 清澄バター 大さじ **2**

- 浚渫用小麦粉

- 塩とコショウの味

方向:

a) 薄力粉と塩こしょうを混ぜて味を調えます。
ガチョウの薄切り肉に薄力粉をまぶす。

b) 澄んだバターで中火から強火ですばやく炒
めます。肉をソテーした後、別皿に取って
おきます。（焼きすぎないでください。）

c) 最初にコニャック、次にワインで鍋の釉薬
を落とします。アルコールが飛んだら、ク
リームをゆっくりと混ぜます。よく混ぜて
とろみがつくまで調理します。

d) ソテーしたガチョウの肉にかけ、サーブします。

79. スノーグースのＴボーンステーキ

材料

- SNOW GOOSE 胸肉 2 枚、厚さ 1/2 イ
  ンチにスライス

- シーザーサラダドレッシング 1/2 カップ

方向:

a) 肉をサラダドレッシングで一晩マリネしま
   す。

b) テフロン加工のフライパンを強火にかけま
   す。

c) 胸肉をフライパンに入れ、肉の表面を焼く。

d) 火を弱めてミディアムレアに焼きます。

80. スノーグース ガンボ

材料

- 骨と皮を取り除いたスノー ガチョウ 4 羽

- 丸ごと 1 羽の鶏肉を立方体に切る

- 4 クォートの水

- 28 オンスの煮込みトマト、缶詰

- 1 ポンドのスモークソーセージ、みじん切り

- 1 ポンドのオクラ、冷凍、スライス

- 白ねぎ 2 カップ、みじん切り

- みじん切りのピーマン 2 カップ

- 1 カップのオイル

- 小麦粉 3/4 カップ

- クレオール調味料 大さじ 3

- タバスコソース 大さじ 1

- 黒コショウ 小さじ 2

- サッサフラスの葉 小さじ 1 杯

方向:

a) 大きな鍋で、鶏肉全体を水で覆います（約 **4** クォート）. 肉が骨から落ちるまで（約 **1/2** 時間）煮込みます。

b) 骨と皮を取り除き、鶏肉はだし汁につけて保存する。

c) 大きな鉄のフライパンで、油と小麦粉を混ぜ合わせ、中強火で焦げ目がつくまで絶えずかき混ぜます。これは、ケイジャンがルーと呼んでいるものであり、多くの食品の基礎を形成しています。

d) ルウができたら、玉ねぎ、ピーマン、ガチョウの肉、スモークソーセージを加えます。すべて約 **10** 分間調理します。次に、チキンブロスの大きな鍋にすべてを追加します。

e) クレオール調味料、ブラックペッパー、カイエンペッパー、タバスコで味付けします。

f) かき混ぜながら沸騰させ、数時間煮込みます。

g) 煮込んだトマトとオクラを添えて。**15** 分間沸騰させます。必要に応じて水を少し加え（濃すぎるのは好きではありません）、食べる準備ができるまで煮ます. 少し煮込んだら、液体を味わって、さらにスパイスが必要かどうかを確認します. スパイスを

追加する場合は、もう少し煮込んで風味を
ブレンドします。

h) 食べる**5**分くらい前にササフラ（ガンボフ
ァイル）を入れてよくかき混ぜます。

i) 余ったガンボはしっかり冷凍。調理する時
間がない場合は、冷凍バッチをアヒルのキ
ャンプに持って行きます。熟成するほど良
くなります（スパイシーでもあります）！

81. 四川スノーグース

材料

- SNOW GEESE 2 羽、皮と骨を取り除き、厚さ 1/4 インチのストリップ

- 卵 2 個

- コーンスターチ 大さじ 4

- 塩 小さじ 2

- にんにく 4 片（みじん切り）

- 玉ねぎのみじん切り 1 個

- 1/4 カップのチキンストック

- 醤油 大さじ 3

- みじん切りにした新鮮なショウガの根 大さじ 2

- ケチャップ 大さじ 2

- ホイシンソース 大さじ 2

- シェリー酒またはライスワイン 大さじ 2

- さいの目に切った唐辛子 大さじ 1

- 砂糖 大さじ 1

- 赤ワインビネガー 大さじ 1

- 小さじ1杯のチリペッパー、乾燥させて砕いたもの

方向:

a) 卵、塩、コーンスターチを混ぜて薄い生地にする。混合物で肉をコーティングします。

b) ディープフライヤーで調理します。取り出し、水気を切り、脇に置きます。

c) 大きなフライパンに油を熱し、にんにく、玉ねぎ、しょうが、唐辛子を加え、強火で2〜3分、または玉ねぎが茶色くなるまで炒めます。

d) チキンストック、醤油、ケチャップ、ホイシンソース、シェリー酒またはライスワイン、赤ワインビネガー、砂糖を加え、ソースがとろみがつくまで中強火でかき混ぜます。

e) 茹でたガチョウを加え、弱火でさらに5分煮る。

82. スノーグース シチュー

材料

- **2** ポンドのスノーグースの肉、角切り

- **2** パッケージ 新鮮なリングイネまたはフェットチーネ

- **1** ポンドのエビ、大、未調理、皮をむいた

- スパイシーなスライスした大きなイタリアン ソーセージ **2** 本

- きのこ **1** カップ、みじん切り

- エシャロット **4** 個（みじん切り）

- きのこのクリームスープ、濃縮 **1** 缶

- **1** 赤ピーマン、みじん切り

- すりおろしたパルメザンチーズ **3/4** カップ

- 小さじ **1** 杯

方向:

a) ガチョウの肉とソーセージを一緒にフライパンで **5** 分間炒めます。

b) ドレイン。

c) きのこのスープを鍋に入れます。ガチョウとソーセージを追加します。混ぜる。マッ

シュルーム、エシャロット、赤ピーマン、セイボリーを加えます。混ぜる。弱火で煮る。

d) 必要に応じて液体 (水/ワイン) を追加します。新鮮なキノコを使用すると、十分な液体が生成されます。少なくとも 30 分間煮て、調理と味のブレンドを完了します。

e) えびを加え、沸騰させずにさらに 3〜5 分煮る。提供する 15 分前に、パスタを準備します。

f) 大きなボウルにパスタを入れます。シチューで覆い、パルメザンチーズを振りかけます。

83. スノーグースカツレツ

材料

- 1 スノーグースの胸肉、半分に切る

- 小麦粉

- 塩とコショウの味

- 卵 1 個

- 牛乳 **3/4** カップ

- 細かく砕いたクラッカー **1** カップ

方向:

a) 胸肉を水平にスライスし、半分の胸肉あた
り **3** つの平らな楕円形のフィレができる
ようにします。

b) 胸肉に小麦粉をまぶし、塩こしょうで味付
けする。卵と牛乳を混ぜ合わせる。

c) コーティングしたフィレを卵と牛乳の混合
物に浸します。次に、フィレをソーダクラ
ッカーで転がします。熱した油できつね色
になり、肉がミディアムレアに冷めるまで
揚げる（片面約 **3** 分）。

84. 味付けスノーグース

材料

- SNOW GOOSE の胸肉 4 枚、切り身

- ベーコン 8 枚

- スライスしたバター 1 1/2 スティック

- ローリエ 1 枚（砕いたもの）

- 鶏肉の調味料 大さじ 1

- パセリ小さじ 1

- 塩 小さじ 1

- 黒胡椒 1 ダッシュ

- 赤唐辛子 1 ダッシュ

- シナモン 1 ダッシュ

方向:

a) オーブンを 350°F に予熱します。

b) フィレをすすぐ。フィレにベーコンを巻き、大きなアルミホイルを敷いたグラタン皿に並べます。

c) バタースライスを加え、調味料をふりかけ、上からホイルをしっかりと封をします。

d) 1 時間半焼きます。

85. スノーグース ルンザ

材料

- 1 ポンドの **SNOW GOOSE** 肉、粗挽き

- パン生地 1 斤分

- 細かく刻んだカナディアン ベーコン 6 枚

- キャベツ 5 カップ、みじん切り

- 玉ねぎ 1 カップ、みじん切り

- すりおろしたチェダーチーズ 1 カップ

- キャラウェイシード 大さじ 2

- ローリエ 1/2 枚、すりつぶしたもの

- 塩とコショウの味

- 水

方向:

a) オーブンを 350°F に予熱します。

b) パン生地を 1/4 インチの盛り上がった生地に広げます. 6 インチ×6 インチの正方形にカットします。

c) ガチョウの肉をベーコンと一緒に軽く炒めます。塩こしょうを加えて味を調えます。

d) スキレットからミキシングボウルに移します。キャベツと玉ねぎを同じフライパンで炒める。同じミキシングボウルに移します。

e) キャラウェイ、ローリエ、チーズを加える。

f) よく混ぜて、生地の正方形のそれぞれに混合物を広げます。生地の端に水または卵白を塗り、ピンでとめます。

g) オーブンで1時間半焼きます。

h) これはよく凍って、電子レンジで解凍して食べることができます。

86. スノーグースパイ

材料

- 2 SNOW GEESE の脚と胸

- ビーフブイヨン 4 個

- さいの目に切ったじゃがいも 2 カップ

- さいの目に切ったにんじん 1 カップ

- 冷水 1 カップ

- 玉ねぎ 1/2 カップ、みじん切り

- 小麦粉 1/4 カップ

- にんにく 1 かけ

- 味付け塩 大さじ 2

- ウスターソース 小さじ 1

- 1 10 インチのパイの殻、未調理

方向:

a) 最初の 6 つの材料を大きなダッチ オーブ
ンに入れ、水で覆います。

b) 肉が脚の骨から落ちるまで、約 3 〜 4 時
間煮込みます。

c) 冷まして、骨から肉を取り除きます。まだ
固い肉は捨てる。

d) 乳房がまだバラバラになっていない場合は、胸を切り刻みます。

e) ダッチオーブンのスープに肉を戻し、野菜を加える。

f) 野菜が柔らかくなるまで約 **30** 分煮ます。味見して味を確認し、お好みで塩少々か調味料を足してください。

g) 小麦粉を冷水に入れ、瓶の中で振るか、ハンドブレンダーを使用してブレンドします。パイの詰め物をかき混ぜます。約 **2** 分間煮てかき混ぜます。

h) 未調理のパイシェルに注ぎます。トップクラストで覆い、スリットを切って蒸気を逃がし、**425°F** で **10** 分間焼きます.

87. スモークハワイアンスノーグース

材料

- SNOW GOOSE の胸肉フィレ **4**枚

- **14** オンスの砕いたパイナップル、缶詰

- ベーコン **2**枚

- ハニーマスタードソース **3/4** カップ

- ハニーマスタードソース **1/2** カップ

- リキッドスモークフレーバー 大さじ **3**

- レモン **1** 個分の果汁

- ガーリックソルトまたはパウダー 小さじ **1/2**

- コショウ

方向:

a) オリーブオイル、マスタードソース、リキッドスモークフレーバー、レモン汁、コショウ、ガーリックスパイスを浅いベーキングパンに混ぜます. スノーグースの胸肉を加え、**18**〜**36** 時間マリネします。

b) オーブンを **325°F** に予熱します。

c) 各胸の上にベーコンの **3** インチのスライスを入れて、同じ鍋で **45** 分間調理します.

d) パイナップルを加えてさらに **40**分煮る。

88. スノーグース カスレ

材料

- 1 ポンドの **SNOW GOOSE** の肉、調理して刻んだもの

- 1 ポンドの乾燥グレートノーザンビーンズ

- 1 ポンド ポーク ソーセージ、マイルド

- 白ワイン 1 1/2 カップ

- タマネギ 1 カップ、みじん切り

- 1/2 カップの乾いたパン粉

- 1/2 カップの乾いたパン粉

- みじん切りの新鮮なパセリ 1/2 カップ

- バター 1/4 カップ

- 新鮮なパセリ 2 枝

- にんにく 2 かけ

- ローリエ 1 枚

- フレッシュタイムまたはマジョラム 1 枝

- 塩 小さじ 2

- 小さじ 1 杯の黒胡椒

方向:

a) 豆を一晩水に浸して覆います。

b) 翌日、月桂樹の葉、パセリの小枝、タイムまたはマジョラムの小枝、塩、黒コショウ、にんにく 1 片を加えて、ほぼ柔らかくなるまで煮ます。

c) 残りのにんにくをみじん切りにし、砕いたソーセージとみじん切りにした玉ねぎを入れて、ソーセージが茶色になるまで炒めます。

d) 大きなキャセロール皿の底に、調理した豆の層を並べます。

e) ガチョウの肉の層を追加し、次に豆を追加し、次にソーセージを追加します.

f) このように、皿のほぼ上まで重ねていきます。ワインとトマトピューレを混ぜて、キャセロールに注ぎます。パセリとバターを混ぜた乾燥パン粉をのせます。豆が柔らかくなるまで 350°F で焼きます。

89. スノーグースとワイルド ライスのキャセロール

材料

- 角切りにしたスノーグースの肉 2 カップ

- 水 2 カップ

- エバミルク 1 1/2 カップ

- スライスした新鮮なキノコ 1 カップ

- 1 カップの水栗、缶詰、水気を切り、スライス

- 未調理のワイルド ライス 1/2 カップ

- スライスアーモンド 1/2 カップ

- 水 1/3 カップ

- マーガリン 1/4 カップ

- ピミエント 1/4 カップ、水気を切り、スライスする

- 小麦粉 大さじ 3

- チキンブイヨン顆粒 小さじ 2

- 小さじ 1/2 の水栗、水気を切り、スライスした缶詰

- ピミエント 小さじ 1/2

方向:

a) 鍋に、2 カップの水、米、塩を混ぜます。

b) 一度かき混ぜながら沸騰するまで加熱する。

c) ふたをして、ご飯が柔らかくなるまで煮込みます（30〜45分）。

d) 排水して脇に置きます。

e) オーブンを 350°F に加熱します。1 1/2 クォートのキャセロール皿にグリースを塗ります。

f) バターを溶かし、きのこを加える。柔らかくなるまで調理してかき混ぜます。

g) 小麦粉、ブイヨン顆粒、小さじ 1/2 の塩を入れてかき混ぜます。

h) 牛乳と 1/3 カップの水を混ぜます。

i) とろみが出て泡立つまで、約 5 分間、絶えずかき混ぜながら調理します。

j) 火からおろし、ガチョウ、水栗、米、ピミエントを入れてかき混ぜます。

k) キャセロールに注ぎ、アーモンドを散らす。

l) 蓋をして 30 分焼きます。ふたを外して、さらに焼き続けます

m) キャセロールが熱くて泡立つまで 15〜30
分。

90. ビーバーテールのクランブルフライ

材料

- 1 ビーバーのしっぽ
- 1 カップの水
- 酢 1 カップ
- 溶き卵1個
- パン粉
- バター、フライ用油脂

方向:

a) 尻尾の皮をむき、よく洗い、鍋に水と酢を入れます。約1時間半、または柔らかくなるまで煮ます。

b) 豚肉に似た肉の水気を切り、ロンドン焼きのようにスライスします。

c) 溶き卵にくぐらせ、パン粉をまぶします。茶色になるまで炒めます。

バイソン

91. バイソンミートローフ

材料

- 1ポンドの地上バイソン

- $\frac{1}{4}$ カップのパン粉

- ビーフブロス $\frac{1}{2}$ カップ

- 卵 1個（溶きほぐす）

- すりおろした玉ねぎ 1/4 カップ

- 細切りパルメザンチーズ 1/4 カップ

- トマトペースト 大さじ1

- ウスターソース 小さじ2

- $\frac{3}{4}$ 小さじ食卓塩

- パプリカ小さじ $\frac{1}{4}$

- 黒コショウ 小さじ $\frac{1}{4}$

- $\frac{1}{8}$ 丸みを帯びた小さじ1杯のグランドセージ

釉薬

- 1/3 カップケチャップ

- バルサミコ酢 大さじ2

- ブラウンシュガー 大さじ1

方向:

a) オーブンを 350 度に予熱します。

b) 大きなボウルにバイソンをそっと砕き、残りのミートローフの材料をすべて加えます。協力して完全に組み込みます。

c) 別皿で釉薬の材料を混ぜ合わせます。

d) パン焼き型またはベーキングパンの底に大さじ 2 杯のグレーズを塗り、その上にミートローフの混合物を置きます。ミートローフを厚さ 2 ～ 3 インチのローフに成形します。次に、ミートローフの上に残りの釉薬を塗ります。

e) ミートローフをオーブンに入れ、40 分間、または内部温度が 160 度に達するまで焼きます。

f) 少し冷やしてお召し上がりください。

92. バイソン・ストロガノフ

材料

- 1 ポンドの牛ひき肉は赤身の牛ひき肉の代わりに使用できます

- きのこのスープのクリーム 2 缶 (各約 10.5 オンス)

- スライスした 8 オンスの新鮮なキノコ

- サワークリーム $\frac{1}{4}$ カップ

- ウスターソース 大さじ $\frac{1}{2}$

- さいの目に切った黄玉ねぎ 1 個

- オニオンパウダー 小さじ $\frac{1}{2}$

- 小さじ 1/2 のガーリックパウダー

- パプリカ 小さじ $\frac{1}{2}$

- 塩とコショウの味

- サービング用

- 1/2 lb. ゆでて水気を切った卵麺

方向:

a) 鍋に水を沸騰させることから始めます。卵麺を加えて、パッケージの指示に従って調理します。排水して脇に置きます。

b) 次に、にんにく、きのこ、玉ねぎを使って、挽いたバイソンを（ピンク色がなくなるまで）茶色にします。脂肪を排出します。

c) 缶詰のきのこのスープ、ウスターソース、サワークリームを加えます。

d) オニオンパウダー、パプリカ、玉ねぎをふりかける。よくかき混ぜてから、約15分間煮ます。

e) 卵麺にかける。

93. バイソンダーティーライス

材料

- 有機セロリ 1本、みじん切り

- 玉ねぎのみじん切り 1個

- ピーマン 1個（みじん切り）

- オリーブオイル 大さじ1

- 塩と挽きたてのコショウ

- 1ポンドの地上バイソン

- ケイジャンシーズニング 大さじ1

- バスマティライス（生）2カップ

- ビーフブロス 4カップ

- GF ウスターソース 小さじ1

- ローリエ 1枚

- GF ホットソース

方向:

a) みじん切りにしたセロリ、タマネギ、ピーマン、EVOO を 3.5 クォートのダッチ オーブンまたはソースパンに入れます。塩こしょうをひとつまみ加えます。時々かき混ぜながら中火で約5分煮る。

b) 挽いたバイソンとケイジャン調味料を野菜の混合物に加えます。約 **5〜7** 分、肉を完全に調理します。

c) 鍋を火から下ろし、生米を入れる。ご飯がよく混ざるように混ぜます。ビーフブロス、月桂樹の葉、ウスターソースを加えます。ダッチオーブンをストーブに戻します。

d) 時々かき混ぜながら沸騰したら蓋をして弱火にします。完了するまで約 **18** 分調理します。

e) ベイリーフを取り除きます。塩味を試して、お気に入りのグルテンフリーのホットソースを添えてください.

94. バイソンと野菜のシチュー

サービング: **5-6**

材料

- **1 lb.** 地上バイソン

- アボカドオイル 大さじ **1〜2**

- にんじん 大**3**本（**2**カップ）、みじん切り

- セロリの茎 **3**本（**1**カップ）、スライス

- サツマイモ 大**2**個（**2**カップ）、みじん切り

- 小さじ **1/2** の塩

- ターメリック 小さじ **2**

- チキンスープ **3**カップ

- **1 1/2** カップのバターナッツ スカッシュ、ピューレ

- 刻んだケール **3**カップ

- フレッシュパセリ、トッピング（お好みで）

方向

a) 大きな鍋を中火で熱し、挽いたバイソンを細かく砕いて加えます。肉の調理が終わったら、鍋から取り出して脇に置きます。

b) 大きめの鍋にアボカドオイルを中火で熱します。熱くなったら、みじん切りにしたニンジンとセロリを加えます。約8分間ソテーします。

c) 白さつまいも、塩、ターメリックを加えて混ぜ合わせます。中火で時々かき混ぜながら、さらに 10 分間、または野菜が少し柔らかくなるまで、材料を調理し続けます。

d) スープ、裏ごししたバターナッツ スカッシュ、ケール、バイソンを加えます。すべての材料を一緒にかき混ぜ、弱火から中火にかけ、シチューを約 30 分間煮込みます。

e) シチューの準備ができたら、温かいうちにお召し上がりください。必要に応じて新鮮なパセリをトッピングしてください。

95. バイソンスキレット

材料

- 1 lb. 地上バイソン

- にんにくのみじん切り 大さじ 3

- さいの目に切った小玉ねぎ 1 個

- みじん切りにした新鮮なハーブ 1 カップ
  (私たちはチャイブ、パセリ、オレガノが
  好きです)

- 一口大に切ったアスパラガス 2 カップ

- ブロッコリー 2 カップ、小さな小房に切
  る

- $\frac{1}{4}$ カップのアボカドオイル

- ミックスグリーン 6 カップ、2 皿に分け
  て

- 塩とコショウの味

方向

a) みじん切りになるまで、フードプロセッサ
   ーで新鮮なハーブをパルスします。ハーブ
   の半分をボウルに入れ、バイソン、にんに
   く、玉ねぎの半分、塩、こしょうを加えて
   よく混ぜます。ミートボールに成形します。

b) フライパンにアボカドオイルを中火で熱し
ます。ミートボール、ハーブのみじん切り
の残り、タマネギ、ニンニク、アスパラガ
ス、ブロッコリー、その他の野菜を加え、
ミートボールのすべての面がしばしば茶色
になるまで柔らかくなるまで調理します。

c) 野菜サラダを 2 枚の皿に分けます。野菜と
ミートボールを上にのせて出来上がり。

96. ソールズベリーステーキ

材料

- 1 ポンドのひき肉: ビーフ、バイソン、チキン、ターキー

- 黄タマネギ 1個（すりおろすか細かく刻む）

- みじん切りにんにく 小さじ $\frac{1}{2}$

- 乾燥パセリ 小さじ 1

- ガーリックパウダー 小さじ 1

- コーシャーソルト 小さじ $\frac{1}{4}$

- 黒こしょう 小さじ $\frac{1}{4}$

- $\frac{1}{4}$ カップのパン粉パン粉、レギュラー、クラッカーのパン粉。レギュラーまたはグルテンフリー

- 卵 1個

- 1 カップ 万能小麦粉 (レギュラーまたはグルテンフリーの計量ブレンド)

- ピーナッツオイルまたはベニバナ油 $\frac{1}{4}$ カップ高煙点油

- きのこスライス 2 カップ

- スライスした大きな黄玉ねぎ 1個

肉汁の場合：

● バターまたはギーまたは乳製品を含まない
バター 大さじ2

● 2 大さじ 万能小麦粉 (レギュラーまたは
グルテンフリーの計量ブレンド)

● ストック 2 カップ

● 塩とコショウの味

方向

a) 大きなミキシング ボウルに、ひき肉、す
りおろした玉ねぎ、みじん切りにしたにん
にく、パセリ、ガーリック パウダー、パ
ン粉、卵、塩、こしょうを混ぜます。

b) 混合物を長方形のパテ (厚さ約 3/4 イン
チ) に成形し、皿の上に置きます。また、
合計 6 枚のパティに小さくすることもでき
ます。

c) 薄力粉を浅いボウルに入れ、塩、こしょう
で味をととのえる。

d) 大きなフライパンを中火から中火にかけ、
油を入れます。ヒント：油の表面が波打つ
ようになったら、油が熱くなって準備完了
です。

e) ソールズベリー ステーキに小麦粉を軽く まぶし、スパチュラを使って慎重に油の中 に入れます。

f) ステーキを片面**4〜5**分ずつ焼き色がつく まで焼き、中まで焼きます。内部温度: 牛 肉とバイソンは華氏 **160** 度、鶏肉と七面 鳥肉は華氏 **165** 度。

g) 焼きあがったステーキをフライパンから取 り出し、お皿にのせてホイルをかぶせて保 温します。

h) 同じフライパンに玉ねぎときのこを入れま す。玉ねぎがしんなりしてキャラメリゼし 始め、きのこが柔らかくなるまで、よくか き混ぜながら調理します。

i) 調理したタマネギとマッシュルームを取り 出し、スプーンでソールズベリー ステー キにかけます。

肉汁の場合:

j) 同じ調理用フライパンで、バターを溶かし ます。

k) 小麦粉を泡立てて、**1**分間、またはペース トが形成されて泡立ち始めるまで調理しま す.

l) ストックをかき混ぜ、とろみがついて全体が温まるまで泡立てます。

m) 塩、こしょうで味をととのえる。

n) 提供する前に、チキン ステーキにかけるか、グレイビー ボートに注ぎます。

o) 奉仕して楽しんでください！

マリネ

97. ハンターソース

材料

- ½c。レッドカラントゼリー
- ¼c。ケチャップ
- ¼c。ポートまたは他の甘口赤ワイン
- ½t。ウスターシャー

方向

a) 提供する約 10 分前: 弱火にかけた小さな鍋で、滑らかでゼリーが溶けるまで絶えずかき混ぜながら、すべての材料を調理します。

b) 狩猟鳥や野鳥と一緒にお召し上がりください。1 カップのソースで、8 人前に十分です。

98. ジビエのマリネ

材料

- **2c**。ドライ赤ワイン
- サラダ油 **2T**
- **2**トン。塩
- **1**トン。粗挽き胡椒
- $\frac{1}{4}$トン。タイムの葉
- 中玉ねぎ **2** 個、薄切り
- にんにく **1**かけ

方向

a) ソースポットまたはダッチオーブンで、すべての材料を混ぜます。鹿肉または他のゲームを追加します。カバーして一晩冷蔵します。

99. 素晴らしいマリネ

材料

- ジビエやビーフにぴったりのマリネ:
- サラダ油 1カップ
- レモン汁またはワイン 4 T.
- $\frac{1}{2}$t。ガーリックパウダー
- $\frac{1}{2}$t。乾燥マスタード
- $\frac{1}{2}$t。コショウ ウスターシャー
- 4 Tソース
- 2 T.ケチャップ
- タバスコのダッシュ

方向

a) すべての材料を瓶に混ぜます。振る。

b) 肉の上に注ぎ、24時間マリネします。オーブンまたは炭火で炙ります。

100. 鹿肉の甘辛いディップ

材料

- 塩とコショウ
- 刻んだスモーク ケイジャン ハム 1 T.
- 各 1 T.: 赤と緑の胡椒
- 2 T.コニャック
- ホイップクリーム 1 カップ

方向

a) ミックス

結論

人々が肉を食べることについて話すとき、一般
的に頭に浮かぶイメージは、牛肉、七面鳥肉、
鶏肉、豚肉、または子羊です. ただし、飼い慣
らされていない動物の肉のカテゴリもあります。
狩猟肉は、近くの市場やレストランでも見つけ
ることができます。市場のごく一部にすぎませ
んが、その人気は高まっています。

ジビエがありますが、どのように調理しますか?
このクックブックは、最高で最も簡単なジビ
エの肉料理を提供します!